批判的工学主義の建築

Ryuji Fujimura: Architecture for Critical Engineering-ism

ソーシャル・アーキテクチャをめざして

藤村龍至

NTT出版

Ryuji Fujimura: Architecture for Critical Engineering-ism

Contents

Chapter 0

［序章］新しい『建築をめざして』をめざして——日本という場所から

偉大な時代は再び始まりつつある

偉大な時代は始まった。私たちは情報技術によるネットワーク化、経済のグローバル化という地球レベルの偉大な変化を目の当たりにしている。同時に、近代化を終えた先進諸国では社会の縮小が、これから近代化を迎える新興国では社会の拡大が進行している。本書ではそのような偉大かつ複雑な変化を建築的な視点によって捉えたい。

今から約一〇〇年前、社会が偉大な変化を目の当たりにした時代があった。産業革命に端を発する工業化と、それに伴う社会の近代化であった。その変化のインパクトを独自の建築的観察によって捉えようとしたのが近代建築家の三大巨匠の一人、ル・コルビュジエ(一八八七―一九六五)である。

ル・コルビュジエは一八八七年にスイスの山間部の村、ラ・ショー゠ド゠フォンに生まれ、一九〇八年(二一歳のとき)にパリに働きに出る。そこでオーギュスト・ペレの事務所に勤務して当時普及し始めたばかりの鉄筋コンクリート技術を習得し、他方でトルコやギリシャ、イタリアをめぐる東方旅行を行い、いくつかの住宅の設計を行うなかで次第に新しい時代の建築家像の確信を得る。

一九二〇年(三三歳のとき)、詩人のポール・デルメ、画家のアメデ・オザンファンとともに雑誌『レスプリ・ヌーヴォー(L'esprit Nouveau ＝新しい時代の精神)』を創刊し、そこで連載した自らの記事をまとめ、マニフェスト集『建築をめざして』(一九二三年)[fig.1]を出版する。

『建築をめざして』においてコルビュジエは「偉大な時代は始まった」と宣言し、一八世紀から一九世紀に掛けてイギリスで起こった産業革命が世界中で本格的に展開し、社会が工業化していくなかで、工業化時代の新しい建築家像を捉えようとした。当時普及しつつあった新しい技術であった自動車や船、飛行機に新しい建築の原理を探し[fig.2-4]、当時、高層建築や大型建築の発達していたアメリカの都市を眺め、ギリシャやローマの古典建築のエレメントを再構成しようとする様式主義の建築教育を展開していた国立の美術学校「エコール・デ・ボザール」を批判しながら、アメリカの貨物駅沿いに並んでいる円筒形の

fig.1

fig.2

fig.3

fig.4

fig.5

fig.1——『建築をめざして』||fig.2——新しい建築の原理[1]自動車||fig.3——新しい建築の原理[2]船||fig.4——新しい建築の原理[3]飛行機
fig.5——「新しい建築」としての小麦サイロ||以上、出典=ル・コルビュジエ−ソーニエ『建築へ』(中央公論美術出版、二〇一一)

小麦サイロ[fig.5]こそが新しく、美しい建築だといい、「工学技師の言うことを聞け」と主張した。

本書は約一〇〇年前のル・コルビュジエと同じように、技術の変化に注目し、都市の新しい現象を分析し、次世代の建築家像を予測して新しい建築像を捉えようとしている。すなわち、ネットワーク技術に新しい建築の原理を探し、巨大化するグローバルシティを眺め、今日の「新しい精神」を見極めようとしている。

現在、近代社会の成熟期を迎える日本社会では「建築家」や「政治家」という職能像が形骸化しつつあるが、その周縁に「アーキテクト」という新しい職能像が立ち上がりつつある。情報技術の進展によって、「アーキテクチャ」という用語はコンピュータ・システムの互換性を保証する基盤部分を指すようになり、さらに人々のふるまいをコントロールする環境全般を指すようになってきた[註1]。「アーキテクト」は今日、コンピュータ・プログラマのコーディネートを行う上級職だけでなく、政治家や経営コンサルタントなど、多様な意見や立場を統合し、問題を解決する道筋を提示する職能全般を指す言葉として広く用いられるようになっている。

一九九五年以後——建築家不要論

ここでは議論を日本における「インターネット元年」である「一九九五年」という時代区分から始めよ

fig.6

fig.7

fig.6——一九九五年、阪神・淡路大震災｜撮影＝松岡明芳｜fig.7——一九九五年、地下鉄サリン事件｜提供＝朝日新聞社／時事通信フォト

う。この年の一月、日本では阪神・淡路大震災が起こり、被災地となった神戸市内では高速道路が横倒しになり、鉄道駅は陥没し、商店街が消失した[fig.6]。この年の三月、地下鉄サリン事件が起こり、それまでの日本の都市が誇っていた安全神話は崩れ、この国のインフラの意外なまでの脆弱性が明らかとなった[fig.7]。

この年、既存の物理的なインフラの脆弱性が意識されると同時に、パソコン同士の互換性を高め、現在のPC環境の基礎をつくったマイクロソフト社製のオペレーティングシステム(OS)「Windows95」が発売され、商用インターネットの普及に伴って「インターネット元年」と呼ばれ、新しい情報インフラの広がりが意識されていた。

建築の領域においては既に、マサチューセッツ工科大学の建築・計画学部長を務めていたウィリアム・J・ミッチェル(一九四四―二〇一〇)が一九九三年にニューヨークで開催されたシンポジウムでの講演をもとに、インターネットが普及し、携帯電話が一般化したあとの近未来の都市空間を予想する議論を展開していた[註2]。ミッチェルは、ファサードはインターフェイスに、書庫はサーバーに、ギャラリーはバーチャルミュージアムに、というように伝統的な建築の形が変容し、従来型の「通勤都市」の代わりに、あらゆる場所がネットワークに繋がり、あらゆる人工物が知性と通信能力を持つ「ビットスフィア」の出現を予想し、建築家像の変化を予言していた。

インターネットやテレクラといった新しい通信環境を題材に精力的なフィールドワークを行って注目されていた社会学者の宮台真司(一九五九―)は、バブル時代に強烈な形態表現でデビューした同世代の建築家、隈研吾(一九五四―)に対し、「バブル時代に設計された建築家の『地域性を表現した建築』は地域の人が誰も行かないためテレクラの待ち合わせ場所になっている」と指摘した[註3]。情報技術の普及がバブル崩壊のショックと重なり、人目を引く派手な形態で話題づくりに加わっていた当時の建築家たちの活動を批判する言説へと結びついていたのである。

「動物の時代」の都市・建築

近代という「大きな物語」が瓦解した後の文化的状況について論じる批評家の東浩紀(一九七一―)は、社会学者大澤真幸(一九五八―)らが唱える批評の枠組みを受け継ぎ、「一九九五年」を「一九七〇年」に次ぐ文化的状況の切断線であると位置づけ、大澤らが一九四五年以後一九七〇年までの時代を「理想の時代」、一九七〇年以後を「虚構の時代」と定義したのに加え、東は一九九五年以後の文化的状況を「動物の時代」と名付けた[註4]。

一九四五—一九七〇年——————理想の時代
一九七〇—一九九五年——————虚構の時代
一九九五年以後——————動物の時代

東は「動物の時代」を象徴するオタク系文化においては表層にみせかけの小さな物語が並ぶ「シミュラークルの層」が、深層に設定や世界観を規定する「データベースの層」が広がる二層構造の「データベースモデル（読み込みモデル）」によって作品の構造が説明されると指摘する[fig.8]。そこでは表層の作品から読み込まれる「設定」によっていくらでも二次創作が可能であり、オリジナルとコピーの区別がない。

東はまた「タワーマンションや高速道路は自動的に設計される」と述べ、フィールドワークを重ね、街ごとの個性を探ろうとする建築や都市社会学系の言説が失効していると指摘する[註5]。確かに「都市再生」を標榜した小泉内閣のインフラ集中投資（成田・羽田、首都圏三環状道路、東京港港湾など）、規制緩和（容積率など）、不動産の証券化などの政策が打ち出された二〇〇二年前後から、東京都心部ではまるで雨後の筍のように超高層建築物が次々と建設されており[fig.9]、そこでは意図的な価値判断や規範意識に基づいた個性ある景観があるというよりも、まるでコンピュータ・アルゴリズムによって自動的に生成しているかのような機械的な風景のあり方に見える。

都市景観だけでなく、郊外型のスーパーマーケットのインテリア風景においても、天井が高く、ニュートラルな空間に商品の山とサインだけで構成されている光景も、意図的な価値判断や規範意識に基づいたものというよりも、ただ倉庫のような空間と什器と看板だけが機械的に配列されているかのように

fig.8
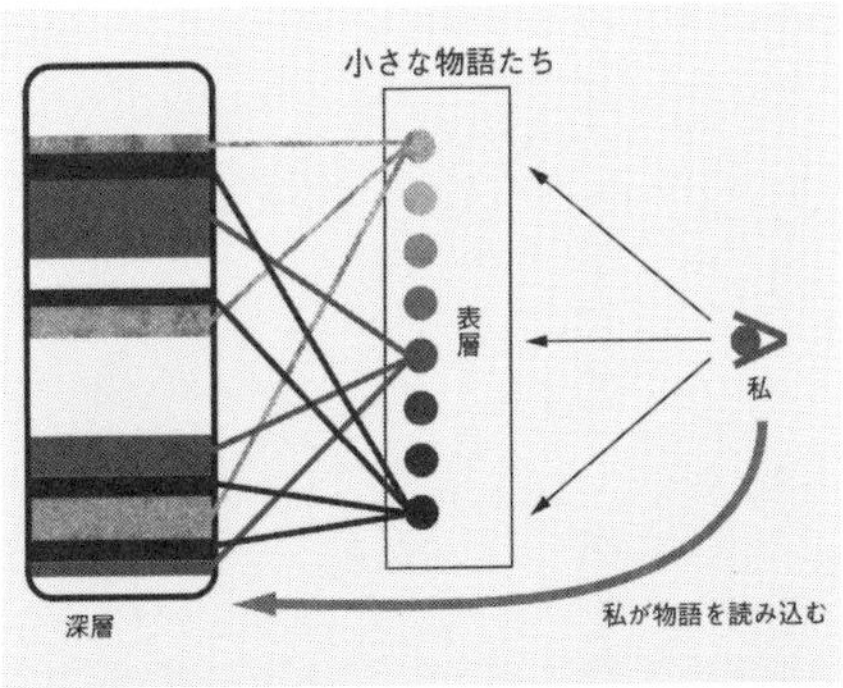

fig.9

fig.10

fig.8 ——データベースモデル｜出典＝東浩紀『動物化するポストモダン』（講談社、二〇〇一）
fig.9 ——東京都心部の風景｜撮影＝著者｜｜fig.10 ——郊外型商業施設の屋内風景｜撮影＝lyzadanger Derivative work

見える[fig.10]。

果たして一九九五年以後の「動物の時代」の作品のあり方と、都市・建築のあり方はどのように関係しているのだろうか。短期間のうちにそのありようが大きく変化した一九九五年以後の日本では、建築家も都市計画家もランドスケープ・デザイナーも、これらの新しい風景の変化をコントロールするどころか、そのメカニズムを説明することすらできていないのが現状である。

グローバル化と建築──表層と深層

情報化と並行して、一九九一年の湾岸戦争終結以後に大きく進展した経済のグローバル化もまた建築のあり方に大きく影響を与えている。特に海外直接投資の拡大、不動産の証券化等によって資本が流動化すると、先に建設資金を集めてから建築家を呼ぶのではなく、先に能力のある建築家を世界中から集め、建築のデザインを行い、それに対して投資を呼びかけ、投資を集めることができれば報酬を与えるというような成功報酬型のプロジェクトが企画されるようになる。クライアントの要求に対して的確な形を与えたり、周囲の街並みにとけ込んでいるかどうかを検討したりするよりも、建築主を募集するために先に人目を引くオリジナリティのある形態を提案できるかどうかが重要となり、建築がアイコン化する。

このように建築のアイコン化が進むと、造形力のある建築家が世界中から起用されるようになる。世界の各地に現場が分散すると、現地での異なる法規、慣習、発注形態に対応するために、協働するローカル・アーキテクトが必要となり、表層（主に外装デザインやエントランスのインテリアデザインなど目に付く部分）を担当す

fig.11

fig.12

fig.11——DA=KPF／CA=入江三宅建築設計事務所ほか「六本木ヒルズ」｜撮影=A16504601
fig.12——DA=マイケル・ホプキンス／CA=三菱地所設計「新丸の内ビル」｜撮影=Kakidai

るグローバル・アーキテクトと深層(主に全体ヴォリューム、構造、設備の設計、各種の行政手続き、現場監理など)を担当するローカル・アーキテクトによる役割分担が生じる。表層を担当する設計者は「デザイン・アーキテクト(以下DA)」と呼ばれ、深層を担当する設計者は「コア・アーキテクト(以下CA)」と呼ばれる。

日本でもバブル経済のさなかの一九八〇年代末、プロダクトデザイナー、フィリップ・スタルク(一九四九—)を起用し奇抜な造形が話題を呼んだ「スーパードライホール」(一九八九)や、アメリカ出身の理論派の建築家、ピーター・アイゼンマン(一九三二—)を起用したコンセプチュアルな「布谷ビル」(一九九二)など、個性ある外国人建築家を起用する動きが生まれたが、より本格化したと考えられるのは「電通本社ビル」(二〇〇二、DA=ジャン・ヌーベル/CA=大林組)、「六本木ヒルズ」(二〇〇三、DA=KPF/CA=入江三宅建築設計事務所)[fig.11]、「東京ミッドタウン」(二〇〇七、DA=SOM/CA=日建設計)、「新丸の内ビル」(二〇〇七、DA=マイケル・ホプキンス/CA=三菱地所設計)[fig.12]など二〇〇〇年代以降の巨大開発においてである。そこでは建築の表層を外国人建築家もしくは設計事務所が行い、深層をローカルな組織設計事務所もしくはゼネコン設計部が行うというかたちで建築の構成も、建築家の構成も二層化した。それらはポストモダンの仕掛人とされる磯崎新に対し、「建築家は表層の料理人に成り下がったことをどう思うか」と問いつめる宮台の認識にも重なる[註6]。

情報化と建築——スケールとマテリアリティ

建築の二層化には情報化の問題も連動している。情報技術の進展により、スクリーン上で多様な試みが行われるようになると、そこでは表現しにくいスケールやマテリアリティの表現こそが建築家ならではの表現であるという考え方がでてくるようになる。一九九〇年代後半には妹島和世(一九五六―)と西沢立衛

fig.13

fig.14

fig.15

fig.16

fig.13——SANAA「熊野古道なかへち美術館」|提供=SANAA||fig.14——青木淳「ルイ・ヴィトン名古屋ビル」|撮影=中川敦玲
fig.15——隈研吾「馬頭町広重美術館」|撮影=Woranol Sattayavinij||fig.16——フランク・ゲーリー「ビルバオ・グッゲンハイム」|撮影=MykReeve

（一九六六―）が「熊野古道なかへち美術館」（一九九七）の複雑な凹凸のある平屋のボリュームに対し、ガラス、スチールパネル、コンクリートからなる立面を同じ割り付け幅とし、さらにフィルムを貼り付けて等価に扱う試みを行った[fig.13]。

また青木淳（一九五六―）は「ルイ・ヴィトン名古屋ビル」（一九九九）[fig.14]、「ルイ・ヴィトン松屋銀座」（二〇〇〇）においてガラスにプリントしたグリッドパターンを二重に重ね、そこから発生させた干渉縞＝モアレによって「壁の厚みを消す」試みを行い、奥行きや動きを感じさせる独特の壁を創り出した。

さらに隈研吾は「馬頭町広重美術館」（二〇〇〇）や「石の美術館」（二〇〇〇）において木材や石材を同じサイズにカットし、同じ間隔で並べて建築の全体を覆い、構造や仕上げ、壁や屋根という分節や序列を超えて、複数の要素を同一平面上に等価に並べて見せた[fig.15]。一九九〇年代の終わり頃からガラスを用いた透明な物質感を表現する建築家は多く現れたが、さまざまな素材を細分化して並べるという隈の手法には独特の平面性があった。

いずれの作品もプランを主題とせず、建築の表層に着目し、そこから全体を組み立てようとしている点がそれまでの試みと異なる点であった。青木は住宅「B」（一九九七）にあわせて発表した論考「決定ルール、あるいはそのオーバードライブ」にて、当時竣工したばかりのフランク・ゲーリー（一九二九―）の「ビルバオ・グッゲンハイム美術館」（一九九七）[fig.16]を例に挙げ、機能主義によらずに全体を構成する手法を提唱した[註7]。

データのオランダ、マテリアルのスイス

こうした表層から建築の全体を捉え直す実験が盛んに行われるようになる少し前の一九九〇年代初頭、情報化が建築をいかに変えるのか、という議論の中心人物のひとりにコロンビア大学でスタジオを構えていたグレッグ・リン（一九六四―）がいた。リンらがベルナール・チュミ（一九四四―）のもとで展開したＤＤＬ（デジタ

fig.17

fig.18

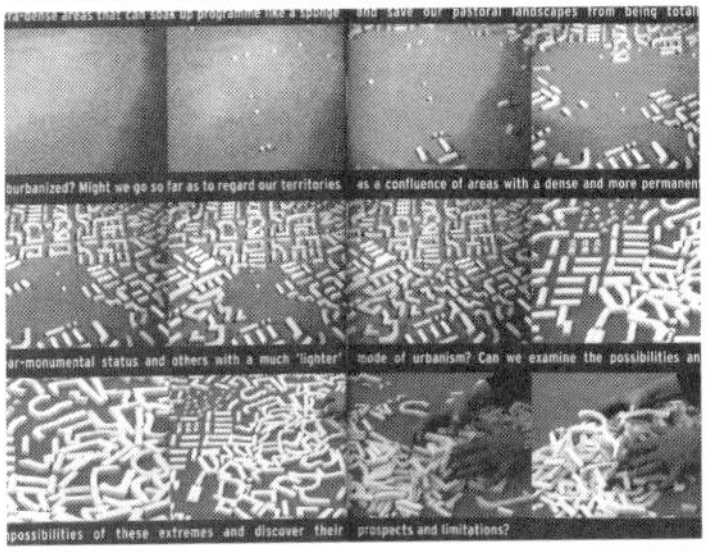

fig.19

fig.17――グレッグ・リン｜出典＝『バーチャルアーキテクチャー――建築における「可能と不可能の差」』（東京大学総合研究博物館、一九九七）

fig.18――MVRDV『FARMAX』｜出典＝『FARMAX』（010 Publishers、一九九八）｜fig.19――ヘルツォーク＆ド・ムーロン「シグナル・ボックス」｜撮影＝Nopira

ル・デザイン・ラボ)は別名「ペーパーレス・スタジオ」と呼ばれ、紙に図面を出力することを禁じ、コンピュータ上のみで設計を行うという試みがなされていた。一方で計算によって生成された形態があり、他方に木材や針金などプリミティブな材料によって製作された模型があり、両者が直接コンタクトするような二層構造があった。

リンら「生成派」の成果は、磯崎新らが中心となり一九九一年から二〇〇〇年にかけて開かれた、建築と哲学を架橋する国際会議「ANY会議」で議論の的になっていたこともあり、日本にも盛んに紹介されていた[fig.17][註8]。しかし、一九九九年にグレッグ・リンの「コリアン・チャーチ」が竣工すると、それがあまりにもディテールのない、形態的にも凡庸な建築だったため、「生成派」の主張の実効性が疑われ始めた。

こうした一九九〇年代にあって、独自の動きをしてきたのはオランダ人およびスイス人建築家である。オランダ人建築家は、レム・コールハース(一九四四―)の事務所OMA出身でMVRDVを率いるヴィニー・マース(一九五九―)らを筆頭に、データに基づいたヴォリュームを立体的に立ち上げる仮想性に特化し[fig.18]、スイス人建築家は、アルド・ロッシ(一九三一―一九九七)門下のジャック・ヘルツォーク(一九五〇―)とピエール・ド・ムーロン(一九五〇―)を筆頭に、実験的なマテリアルに包まれたヴォリュームを立ち上げる物質性に特化した[fig.19]。グローバル化と情報化という世界の趨勢に対してオランダ勢は正面から、スイス勢は背面から、それぞれアプローチしたのである。

「模型」と「平面」に特化する日本

日本人建築家たちはこうした一九九〇年代のオランダとスイスの動きに影響を強く受けつつも、第三の動きを見せた。リーダーとなったのは妹島和世と西沢立衛によるユニット、SANAAである。妹島は

fig.20
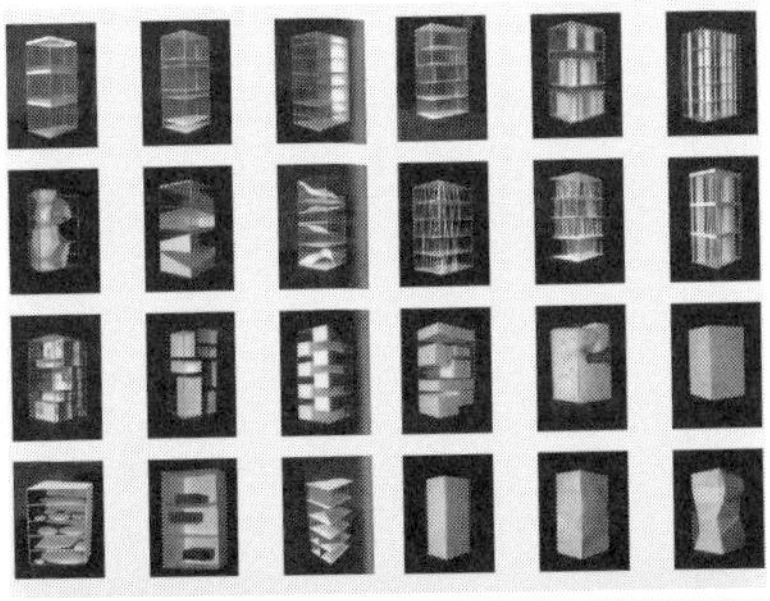

fig.21
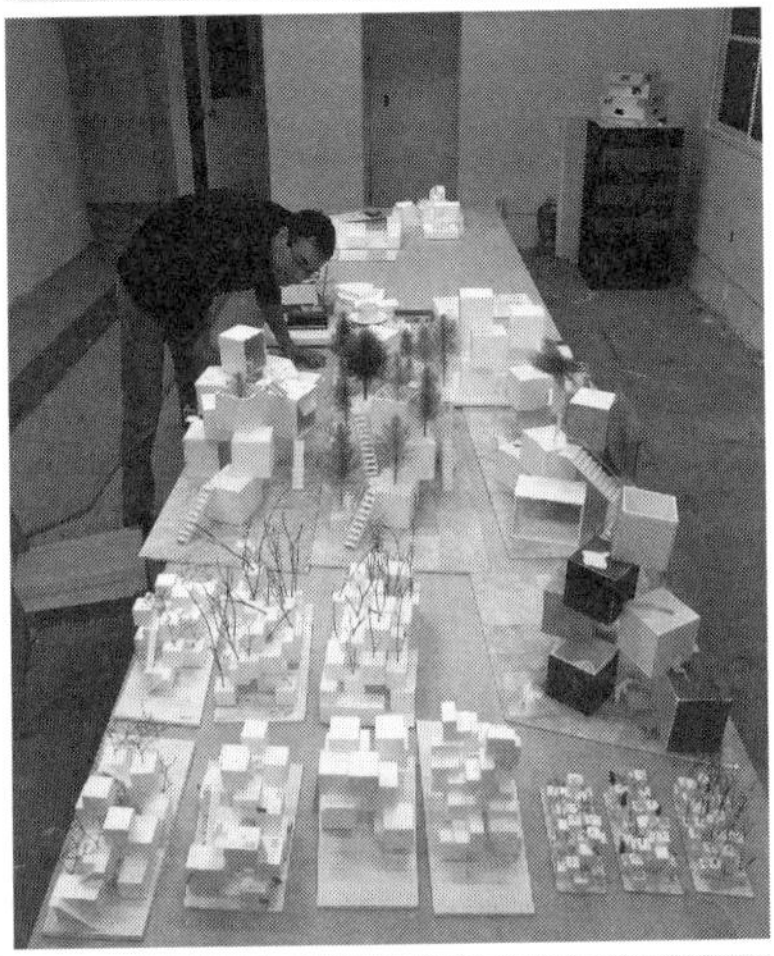

fig.22
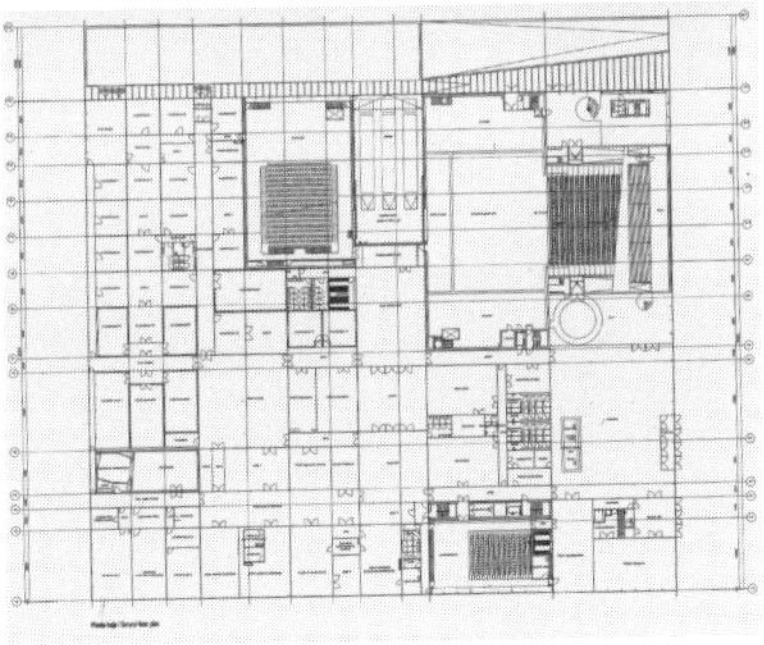

fig.20 ――SANAA「ディオール表参道」のスタディ模型｜出典＝『Kazuyo Sejima＋Ryue Nishizawa / SANAA Works 1995-2003』(TOTO出版、二〇〇三)

fig.21 ――模型の大量生産による比較検討(藤本壮介)｜撮影＝j.tobias

fig.22 ――SANAA「スタッド・シアター」平面｜出典＝El Croquis 139 SANAA Sejima＋Nishizawa 2004-2008, El Croquis, 2008

CADの普及と連動し、「住宅ひとつに模型を一〇〇個以上作る」という模型の大量生産による比較検討を行う設計スタイルを打ち出した[fig.20]。CADによってデータの複製コストが下がったため、模型を作るための図面データの作成が容易になり、少し描いてまた別名保存、というバージョンアップ型の検討も一般的になったためだが、模型に偏った検討に熱中する姿勢は後に藤本壮介(一九七一-)、石上純也(一九七四-)などにも受け継がれ、日本独特の動きとなった[fig.21]。

SANAAは一九九九年にオランダのアムステルダム郊外の新都市アルメラに建設される文化施設「スタッド・シアター」のコンペに勝利する。ここで妹島らは壁をすべて六〇ミリで作る、すなわち構造壁、間仕切り壁、建具をすべて区別なく同じ厚みでフラットに構成するという提案を行った。

プランは「古河公園飲食施設」(一九九八)やその発展形である「イリノイ工科大学キャンパスセンターコンペ案」(一九九八)で試されていた「巨大な平屋」というコンセプトの延長に提案されたものだった。しかし「スタッド・シアター」は平面の大きさに対して壁があまりにも薄いため、五〇〇分の一の図面で見るとプランはすべてシングルラインで絵が描かれる[fig.22]。結果、すべての構成要素にヒエラルキーがなく、一枚のプランですべてが把握できる透明性があった。妹島らはそれを「新しいフレキシビリティ」だと主張した。一連の提案の背後にはコンピュータ解析を駆使し、磯崎新、伊東豊雄(一九四一-)とも協働する構造家・佐々木睦朗(一九四六-)による技術的な裏付けがあった。

超平面的建築——SANAA・隈・青木

こうした妹島らの動きと時期を同じくして、現代アートの領域では村上隆(一九六二―)が「スーパーフラット」というキーワードを出していた。日本画やアニメをモチーフにした目玉などの要素を画面全体にちりばめ、Adobe Illustratorのベジェ曲線を駆使して描かれる作品群に批評家の東浩紀は共通する特徴を認め、「カメラアイがない」「奥行きがない」として言語化し、自身の展開する「データベース・モデル」を通

fig.23

fig.24

fig.23——「超平面的」建築の到達点[1]
SANAA「金沢21世紀美術館」
撮影=金沢市

fig.24——「超平面的」建築の到達点[2]
隈研吾「マルセイユ現代美術センター」
撮影=Amayes BRAHMI

じてこれを論じた。

そうした現代美術から出てきたコンセプトを現代建築の特徴と共通していることを指摘したのは建築批評家の五十嵐太郎（一九六七－）であった。五十嵐は、SANAA、隈、伊東豊雄、妹島和世などに塚本由晴（一九六五－）、貝島桃代（一九六九－）による建築家ユニット、アトリエ・ワンや、加茂紀和子（一九六二－）、曽我部昌史（一九六二－）、竹内昌義（一九六二－）、マニュエル＝タルディッツ（一九五九－）による建築家ユニット、みかんぐみといった若い世代のフラットなチームワーク、MVRDVの統計データをもとにした思考実験「データスケープ」などを「建築におけるスーパーフラット」であると論じた［註9］。二〇〇〇年（＝フラット・ゼロ）という区切りを前にした独特の高揚感を前に、「厚みのない世界」という共通の感覚が美術と建築を横断したのである。

アメリカの生成派がMayaや3ds Maxといったソフトウェアを駆使して三次曲面の「厚みある」立体を形態生成しようとしたのに対し、日本人建築家はSANAAにせよ隈研吾にせよ、青木淳にせよ二次元、すなわち平屋や立面の構成など「厚みのない」表現に集中していた。生成派がリテラルな情報技術の利用を志向していたのに対し、SANNA、隈、青木らは超平面が生み出す感覚をメタファとして表現しようとしていたのである。

あれから一〇年以上が過ぎ、スーパーフラット建築は、一方では設計意図のわかりやすい巨大なマット・

ビルディング（巨大な平屋）の表現として［fig.23］、そして他方ではルーバーやカーテンウォールの市松パターンからなる新しいファサード・エンジニアリング（壁面の環境制御）の表現として［fig.24］、それぞれ発展した。前者は海外の国際コンペでSANAAの必勝パターンのひとつとなり、後者は隈研吾の十八番となり、次第に他の建築家にもコピーされ商業建築の基本形となった。これらの「超平面的」で「厚みのない」スーパーフラットな建築群は、一九九五年以後の建築を取り巻く変化の、ひとつの到達点であると言える。

超平面的建築はどこへ向かうのか

一九九五年以後の変化を反映した「超平面的」な建築は、どこへ向かうのか。東日本大震災を経て、人口減少や少子高齢化に伴う財政の緊縮化が強く意識されるようになってきた日本では、同時に一九六〇年代から一九七〇年代に掛けて建築された建築物の大量更新が予想され、施設の大幅な統廃合を余儀なくされている。そうした状況のもとでは、住民の要求を整理して合意を形成しつつ、地域のシンボルを見いだすような高度な政治性を備えた方法論が求められている。

超平面的な建築の持つ性質は、以上のような高度な政治性が求められる今後の日本社会の文脈で新たな解釈がなされていくと考えられる。公共資産の総量として面積を削減することに加え、透明なプロセスによって諸要素が高度に統合されたような表現がこれからの建築表現の典型になるのではないか。背景には新しい権力の主体としての「市民」の台頭がある。

その結果、新しい表現が予兆的に現れているもののひとつが、新居千秋(一九四八―)の建築である。新居はペンシルベニア大学でルイス・カーン(一九〇一―一九七四)の教えを受け、ロンドンで官僚の仕事も経験して帰国し、小さな集会所などを実現させているうちに、大分県の国東町でホールを設計する機会を得る。そのあとホールをいくつか実現させていくのだが、二〇〇〇年代後半に入ると新居は「大船渡市民文化会館・市立図書館　リアスホール」(二〇〇九)[fig.25]をきっかけに作風を大きく転換し、「由利本荘市文化交流館／ガダーレ」(二〇一一)[fig.26]、「新潟市秋葉区文化会館」(二〇一三)などのプロポーザル・コンペを次々と勝ち取った。

「大船渡」以後の新居が確立しつつあるのは、「シンプルなヴォリュームでスタートし、その後の住民との対話を通じて変形を重ね、複雑な形態を生成する」という方法論である。「大船渡」では市民のワークショップで生成された複雑な形態に、「リアス式海岸の表現」という地域主義的な解釈が重ねられている。一見コストがかかっているように見えて、全体としては複雑な形態のうちに複数の機能を統合して、むしろ予算を削減しているといい、市民参加、地域性、多機能化といった公共施設の現代的な課題が形態表現のソースとなっている点が注目される。

実際、SANAAの「鶴岡市文化会館」(二〇一三)、「岡山大学Junko Fukutake Hall」[fig.27]や隈研吾の「九州芸文館」(二〇一三)[fig.28]、「飯山市文化交流館」(二〇一五予定)といった近年の日本人建築家の作品は

fig.25

fig.26

fig.27

fig.28

fig.25——新しい表現の兆候[1] 新居千秋「大船渡市民文化会館・市立図書館 リアスホール」|撮影=著者
fig.26——新しい表現の兆候[2] 新居千秋「由利本荘市文化交流館/ガダーレ」|撮影=掬茶
fig.27——新しい表現の兆候[3] SANAA「Junko Fukutake Hall」|提供=SANAA
fig.28——新しい表現の兆候[4] 隈研吾「九州芸文館」|提供=Hiroyuki Kawano

平面的というよりはより立体的で、くしゃっと圧縮したような複雑なひだをもつ「厚み」のある表現をしている。これらは「超平面」という情報技術の進化に対する独特の受容のうえに、老朽化したインフラの更新等を遠因とする政治性の高まりという固有の状況が重なった「日本」という場所が生んだ、新しい時代性の表現として捉えられるのではないだろうか。

新しい『建築をめざして』をめざして——日本という場所から

そもそも日本という場所は、一八六八年の明治維新、一九四五年のヒロシマ、ナガサキの原爆投下で二度の大きな切断を経験した後、一九六二年の全国総合開発計画以後、段階的な全体計画により貧しい農業国を豊かな工業国に変え、世界で最も一体化した経済圏を構築することに成功した経験を持つ［註10］。

インフラへの集中投資と持ち家政策によって発展した日本社会は、やがて政治と土建業との癒着を生み、計画を暴走させ、投機を誘発し、やがてバブル経済へと突入する。そしてバブル経済の崩壊とともに方向を見失ったまま一九九五年の阪神・淡路大震災を迎え、その整理もつかないままに二〇一一年の東日本大震災を迎えることとなる。

一九九五年以後、日本の国土が依存してきたインフラは意外なほど脆弱であることが明らかになり、二〇一一年の東日本大震災以後、人口減少の進行と高齢化によりすべてのインフラを将来的に維持できない事態が次第に共有されるようになった。今後は一度作ってしまったインフラの必要性を吟味し、全体量を減らしていくための慎重な議論が必要となるだろう。

しかし、それは停滞や絶望を意味するものではない。冒頭で述べたように、ル・コルビュジエの『建築をめざして』は、二〇世紀初頭の工業化時代のアーキテクト像をパリという場所で捉えることで生まれた。本書は、二一世紀初頭の情報化時代のアーキテクト像を東京という場所で捉え、新しい『建築をめざして』をめざそうとする。二〇世紀初頭に当時の若手建築家が迎えた状況と現代の状況をパラレルに捉えることによって、今後なすべきことを考えれば、現代の状況は決して閉塞的であるとは言えないだろう。

―

以上のようなパースペクティブのもと本書では、議題を次のように設定する。

―

［1］　一九九五年以後の情報化・グローバル化のプロセスで現れた都市像、建築像の変化を整理すること

［2］　近代化以後のアーキテクト像の変化を整理し、現代のアーキテクト像を提示すること

［3］　今後の社会の展望と、建築が貢献できることを提示すること

それぞれを［1］理論編（第1章–第3章）、［2］実践編（第4章–第6章）、［3］提言編（第7章）として、以下論じていきたい。

註

1——アメリカの憲法学者ローレンス・レッシグは『CODE——インターネットの合法・違法・プライバシー』（山形浩生・柏木亮二訳、翔泳社、二〇〇一）のなかで、現代の権力の四つの類型として「法・市場・規範・アーキテクチャ」を挙げている。

2——ウィリアム・J・ミッチェル『シティ・オブ・ビット——情報革命は都市・建築をどうかえるか』掛井秀一他訳、彰国社、一九九六。

3——宮台真司『野獣系でいこう!!』朝日新聞社、一九九九。

4——東浩紀『動物化するポストモダン——オタクから見た日本社会』講談社、二〇〇一。

5——東浩紀、北田暁大『東京から考える——格差・郊外・ナショナリズム』NHK出版、二〇〇七。

6——山本理顕（編）『私たちが住みたい都市——身体・プライバシー・住宅・国家 工学院大学連続シンポジウム全記録』平凡社、二〇〇六。

7——青木淳『原っぱと遊園地——建築にとってその場の質とは何か』王国社、二〇〇四。

8——磯崎新・浅田彰（編）『Any：建築と哲学をめぐるセッション——1991-2008』鹿島出版会、二〇一〇。

9——五十嵐太郎『美術手帖』二〇〇〇年五月号、特集「二一世紀建築、スーパーフラット——建築的、超平面的」、美術出版社。

10——リチャード・フロリダ『クリエイティブ都市論——創造性は居心地のよい場所を求める』井口典夫訳、ダイヤモンド社、二〇〇九。

Chapter 1

［第1章］一九九五年以後の都市と建築——建築とアーキテクチャ

「せんだいメディアテーク」コンペで交わされた議論

情報化によって都市空間は実際にどのように変化したのか。情報化と空間の関係に関して建築界で記憶されるひとつの議論は、一九九五年に開催された「せんだいメディアテーク」のコンペ（設計提案競技）である。同施設は仙台市の青葉区図書館や市民ギャラリー、視聴覚教材センター、視聴覚障がい者のための情報提供施設などを複合した施設として計画された。一九九三年の公共工事の発注をめぐる汚職事件による石井亨仙台市長（当時）の逮捕という不祥事の後で、工事発注体制の見直しを進めるなか、市民の信頼を回復し、新しい公共施設のイメージを示そうとコンペが企画され、数々の国際コンペで審査員を務めていた磯崎新（一九三一―）に審査委員長が依頼された［註1］。

磯崎は一九八二年に自身が審査員を務めたフランスのパリ郊外の工場跡地に建設される公園「ラ・ヴィレット公園」のコンペでレム・コールハース（一九四四―）を二位に選び、一九八三年の香港ヴィクトリア・ピークの山頂を敷地とする住居付き高級クラブ「ピーク・レジャー・クラブ（The Peak Leisure Club）」のコンペでザハ・ハディド（一九五〇―）を一位に選び出すなど、無名の建築家を一本釣りすることで隠れた才能を引き出すプロ

fig.1――七枚のフラットな薄い「プレート」を一五本の透明なメッシュ状の「チューブ」が貫通する「せんだいメディアテーク」伊東豊雄案｜撮影＝大橋富夫

fig.2――短冊状に切り刻んだ床が縦横に重ねられる「せんだいメディアテーク」古谷誠章案｜提供＝NASCA

fig.1

fig.2

デューサーとして国際的に名が知られるようになっていた。国内でも一九八八年に、ドイツのベルリンの国際建築展を参考に開始され、若手建築家の登竜門的存在となっていた熊本県の「くまもとアートポリス」事業でコミッショナーを務めるなど、プロデューサー的役割を演じていた。磯崎を審査員に指名するということはすなわち、歴史に残る優れた提案を引き出したいという企画側の意志の現れであった。

磯崎はいくつかの条件を出した。ひとつは審査を完全公開で行うこと。コンペは審査の過程を非公開とすることも多く、公開であっても最後の審議を別室で行う等、応募者や市民にとって不明瞭な決定プロセスとなることが多いからである。もうひとつは専門家のみによる審査を行うこと。行政関係者や市民代表者が審査に加わる場合、管理者の論理が優先されたり、利害を代表することになって保守的な議論となることが多いからである。そして三つめに応募者からのプログラムに関する提案を受け入れること。建築の提案のみならず、機能や施設のあり方を提案することで新しい施設イメージが提案されやすくなるからである[註2]。

もとより新しい公共施設のイメージ、さらには新しい設計コンペのイメージを打ち出したい仙台市は磯崎のこれらの提案を受け入れた。施設の計画にあたっては、東北大学建築学科にアドバイスが求められ、同学科の若手研究者で後に東日本大震災の復興現場で活躍することになる小野田泰明(一九六三―)らがあらかじめ入念な予備設計と要項設計を行っていた。

磯崎はさらにフランス語で「メディアの棚」を表す「メディアテーク」という名前を先に付けることを提案した。コンペの準備が進められていた一九九四年から一九九五年にかけてはまさにwindows95の発売を控え、インターネットの広がりが予想されていた時期であった。図書館という既存の施設が古くなることは目に見えているから、フランス国内ですでにいくつか実現されていた「メディアテーク」なる施設のネーミングを輸入し、新しい施設であることを強調し、その名前にふさわしい建築のイメージを求めることで応募者に単なる複合施設を設計しないよう牽制するとともに、若い世代の建築家を刺激しようとしたのである。磯崎の指名した審査員のなかには情報工学の専門家である月尾嘉男(一九四二―)も加わっていた。

ストライプというモチーフ——レム・コールハースの影

磯崎が審査委員長を務めること、刺激的な課題の提示であること、完全公開審査であることなどからコンペは建築界の注目を集め、二三五点の応募があった。最優秀案を競ったのは一九八四年に同じ磯崎から指名を受け、熊本県八代市の中心部に「八代市立博物館」(一九九一)を設計したことで世界から評価を受け、数々の公共建築を実現していた伊東豊雄(コンペ当時五四歳)と、早稲田大学建築学科に着任したばかりの若手プロフェッサー・アーキテクト、古谷誠章（一九五五－、コンペ当時四〇歳）のふたりであった。

伊東案は「プレート」と呼ぶ七枚のフラットな薄い床スラブを「チューブ」と呼ぶ一五本の透明なメッシュ状の柱群が貫通するというもので、プログラムの交換可能性と、情報空間の透明で揺らぐような抽象的な空間のイメージが重ねられたものであった[fig.1]。

伊東はかねてより来たるべき情報化社会の空間イメージを模索しており、水中を漂う空間のイメージを提唱していた。水中を漂うような、波紋のように同心円が連なるプランのイメージと、異なるプログラムをシャッフルするストライプ状のプランのイメージをなんとかハイブリッドできないか。伊東のスケッチはずっと試行錯誤してきたふたつのモデルが鮮やかに組み合わされたものだった。

古谷案もまたストライプをモチーフとし、短冊状に切り刻んだ床を縦横に重ねるというアイディアだった。古谷案は伊東案の七層に対し一〇層とし、各層の天井高を抑えるかわりに吹き抜けを大量に作って、どの場所にいても上下左右に視線が抜け、さまざまな空間どうしを視覚的にリンクするという（古谷はそれを「シャッフルする」と呼んだ）提案であった[fig.2]。

伊東案も古谷案も用いていた「ストライプ」というモチーフには共通のレファランスがあった。磯崎が一九八二年の「ラ・ヴィレット公園」コンペで二等に選んだレム・コールハースの案である。コールハースは異種用途が積層されたニューヨークの超高層を例に出し、「超高層を横にしたような」公園のプランを提出した。

コールハースの主張は、公園の平面をストライプ状の区画に切り刻み、庭園やスポーツ、博物館など異なる用途をそれらの区画にあてはめ、異種用途の区画どうしが最大限の長さで接することでそれらの区画の境界面に新しい出来事を発生させることができる、というものだった[fig.3]。機能主義の行き詰まりの後、ザハ・ハディドが後に「デコンストラクティビズム(デコン/脱構築主義)建築」と呼ばれる強い造形を示すようになるが、コールハースの機能主義を形式主義的に復活させる提案は日本でも熱狂的なフォロワーを生み、「プログラム派」と呼ばれた。コールハースの語るコンセプトは「せんだいメディアテーク」がめざしていた複合用途の施設にはふさわしいコンセプトだった。

fig.3

fig.4
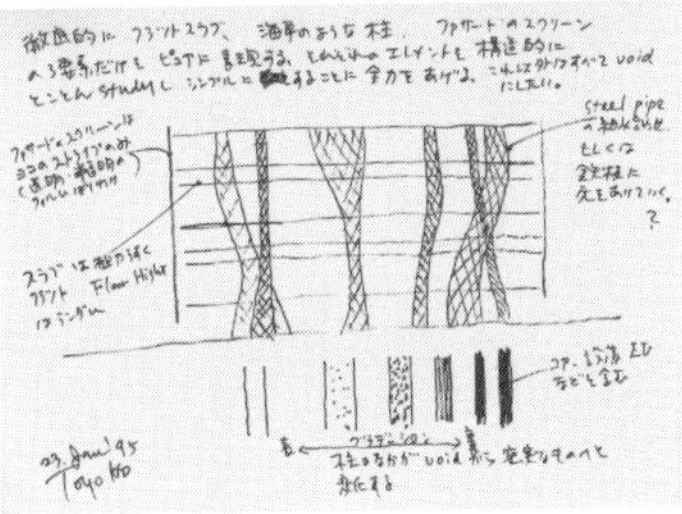

fig.3 ——「ラ・ヴィレット公園」レム・コールハース案：異種用途の区画どうしが最大限の長さで接するストライプ案
出典=El Croquis 131/132 OMA Rem Koolhaas [1] 1996-2006, El Croquis, 2006

fig.4 —— 伊東のスケッチ：「海草のような柱」というメタファ
提供=伊東豊雄建築設計事務所

「海」か「倉庫」か――伊東案VS古谷案

レム・コールハースという共通のレファランスがありつつも、伊東と古谷はそれぞれ独自のアイディアを加えていた。伊東が情報空間を「海」に例え、「海草のような柱」というメタファによって「メディアの棚」にイメージを与えようとしたのに対し[fig.4]、古谷は情報空間の機能についての分析をより建築的に推し進めようとしていた。古谷案の特徴は、当時実用化されつつあった物流倉庫の管理システムを応用しようとしたことにあった[註3]。物流倉庫では大量の荷物が各地から集まり、それらを行き先別に仕分けし、発送される[fig.5]。そこでは合理化のために情報技術が活用されていた。

古谷はその検索システムを公共施設の設計に応用し、図書館の蔵書の一冊一冊にタグを取り付け、借りた本を館内のどこにでも返してよい、という運営システムを提案した。館内のナビゲーションシステムの一部を情報技術に委ね、欲しい蔵書の位置検索は、将来普及するであろう(当時は普及する直前だった)携帯型の情報端末で行う。そのかわり建築は図書館もギャラリーもカフェも「シャッフル」したものにし、ギャラリーに来た人がカフェに立ち寄ったり、図書館に本を借りにきた人がギャラリーの展示を目に留めたり、というような目的外の行動を誘発するような仕掛けを提案した。随所にちりばめられた吹き抜けがそうした仕掛けとなり空間的に刺激しあう、というものである。

一見魅力的に聴こえるこの提案も、インターネットも携帯電話もＲＦＩＤ（無線通信を埋め込んだＩＤ識別技術）タグも普及していない当時の状況では、とても非現実的な提案として受け取られた。審査時には図書館職員によって「バーコードの処理ができない」と反発を招き、さらに停電時に対応できない、などの問題点が指摘されたという。

実現した伊東案は、情報環境のレイヤー感、フラット性、ランダムネスなどの個性的な空間イメージを「海草のような柱」と「徹底的にフラットなスラブ」「透明なファサード」などの個性的な建築ボキャブラリーに翻訳するかわりに、プログラムについては大きな提案を行わないという、ある意味では保守的な案

fig.5

fig.6

fig.5 ——古谷が参照した物流倉庫の例｜撮影＝Axisadman

fig.6 ——Amazon｜撮影＝Asacyan

であり、それゆえに現実性があった。磯崎を中心とした審査委員会は「地下街などで最初は混乱するがやがて慣れていくことなどを考えれば古谷案にも可能性がある」と一定の評価をし、審査委員のひとりであった月尾嘉男は「情報空間の本質的な理解は古谷案のほうが上」という見解を示したが、最終的に施設としてより具体的な展開可能性の高い伊東案を最優秀案として結論づけた。

一九九五年以後の展開

コンペでは現実的でないとされた古谷案であるが、二〇年近くを経た現在から見ると別の見方ができる。例えばオンライン上で最大の通販サイトとなっている「Amazon.com」の倉庫では[fig.6]、古谷案が提案したような「棚で分類しない」管理システムが導入されていることが知られている。実空間に店舗を持たない「Amazon」のシステムでは、商品の検索や比較、注文はすべてネット上で行い、商品は千葉と大阪にある巨大な倉庫から全国へ配送されるのだが、これらの倉庫では商品は入荷した際に空いている棚にランダムに収納され、情報端末を持った「ピッカー」と呼ばれるスタッフが、端末に示された情報に従ってひとつずつ注文の品をピックアップしていく。整理せず並べたほうが整理して並べるよりもかえって効率がいいからだという。一九九五年には「停電時に対応できない」として退けられたシステムは、わずか一〇年後には商業倉庫の一角で、当たり前のように実装されていたのである。

また、一九九五年三月に交わされたこの議論は、その年の一月に起こった阪神・淡路大震災の直後に交わされたものだった。情報空間の広がりが議論されようとする矢先、既存の物理空間の大都市で大きな破壊が起こったことは、建築家にとって情報空間と物理空間のコントラストをより強く意識させるものとなり、建築は物質へ回帰するべきだという言説の揺り戻しを生んだ。伊東もその後、情報空間との対比で建築の役割を説明するというよりは、物質そのものの強さや、独特の造形を実現する職人の存在を強調するようになり［註4］、やがて建築界からは情報化という主題そのものが忘れられていく。

他方、ラ・ヴィレット公園とほぼ同時期一九八三年に磯崎が見いだし、その後の世界の建築シーンを大きくリードしたザハ・ハディドらの「デコン」の建築は、「地震で倒壊したかのような」形態を志向していたことから、もう終わりだとささやかれるようになった。ザハ・ハディドはその後、複合的な要素をシームレスに繋いで明快な形態を生み出し、その地域のランドマークとなるようなアイコン建築の旗手へと路線を変え、二〇〇四年のプリツカー賞受賞を機に世界を飛び回るグローバル・アーキテクトとなった。

かくして仙台市のたったひとつの公共施設の設計者選定に過ぎなかった「せんだいメディアテーク」コンペは、磯崎というプロデューサーのかかわりに加え、一九九五年という情報空間の始まり、阪神・淡路大震災の発生による物理空間の見直しという数々の偶然も重なり、さらには二〇一一年の東日本大震災の被災というその後の展開も含めて、現代建築の展開に大きくかかわる出来事となった。

コールハースの図書館――図式的明瞭性と空間的熱狂

「せんだい」のコンペで、伊東と古谷から参照されたレム・コールハースは、情報化についての考察をアメリカ・シアトル市の「シアトル・パブリック・ライブラリー」(二〇〇四)で集大成することになる。シアトルはマイクロソフトやAmazon、スターバックスなど、現代を象徴する企業が集積する都市でもある。コールハースの「シアトル・パブリック・ライブラリー」はそんなシアトルの中心市街地の一角で、既存の図書館の建て替えとして企画された。総面積は約三万三七二〇平方メートル、蔵書数一四五万冊。レベル0からレベル11までの一二層構造になっており、「Book Spiral」と呼ばれる各レベルをゆるやかに繋ぐスロープに書架を配列している。また、蔵書にはRFIDタグが貼付されており、貸出手続きや返却資料の分別の自動化などの機能を有する。

コールハースはその設計趣旨において、情報化時代の図書館の目的を「情報空間の『図式的明瞭性

fig.7――図式的明瞭性と空間的熱狂の統合――レム・コールハース「シアトル・パブリック・ライブラリー」|撮影=Dave Nakayama(上)/LWYang(下)

fig.7

Diagrammatic Clarity』と物理空間の『空間的熱狂Spatial Excitement』を統合すること」と述べている[註5]。つまり情報空間の特徴は検索機能により図式的な整理を行いやすいことであり、物理空間の特徴は人々の集まりを作り、多様な出会いを生み出すことであると整理し、ウェブブラウザの基本的な機能である「サーチ&ブラウズ」と同じ機能を、図書館が果たすとしたのである。

その「空間的熱狂」を体現するがごとく、コールハースの提案はコアの周りに大きくズレたボックス状のフロアが取り付き、フロアどうしを左右にずらして、斜めの関係を生んでいくというものだった[fig.7]。箱と箱がズレた部分が斜め方向への吹き抜けとなり、上下の関係を生むのである。

それは「せんだいメディアテーク」で伊東が「徹底的に薄いプレート」と「海草のようなチューブ」で試みたことでもあった。通常、床は構造だけでも二〇〇–三〇〇ミリのスラブと七〇〇–九〇〇ミリの高さを持った梁、その他に設備スペースや床仕上げ等で合計一メートル前後の厚みがある。それを気仙沼の造船で培った溶接技術を駆使した鉄製の厚み三〇〇ミリの床とし、柱をパイプを組み合わせた左右に揺らいだチューブとすることで上下階の活動が互いに見て取れるようになり、「空間的熱狂」を発生させようとする。それは古谷が「シャッフル」と呼んでいたコンセプトとも共通するものである。

なお、「シアトル」のフロアが左右にシフトした積層の形態は、地震が多い西海岸の環境を逆手に取って「予め水平力が働いたかのような形態である」とも説明されているが、かつての日本で「もうなくなるだろう」と噂されたデコン建築の再演のようにも見える。しかしコールハースの「シアトル」は、硬直した機能主義を見直し、形骸化して単なるスタイルと堕していた脱構築主義の本来の思想を取り戻す建築だった。一九八二年から八三年にかけてパリ(ラ・ヴィレット公園)と香港で磯崎がピックアップしたコンセプトが、一九九五年の日本(「せんだいメディアテーク」)を経由して、二〇〇四年のアメリカ(「シアトル・パブリック・ライブラリー」)で集大成したのである。

スーパーマーケット——ウェブブラウザのような建築

空間の情報化に対する「図式的明瞭性と空間的熱狂の統合」というテーマはその後、世界的にみるとOMA出身の若手建築家たちのMVRDVやBIG(Bjarke Lugels Group)のようにプログラムに基づいた実践と、スイスのヘルツォーク&ド・ムーロンやピーター・ズントー(一九四三―)のようなマテリアルに基づいた実践へと分化した。日本では東日本大震災という衝撃もあり、物質が重要だ、コミュニティが重要だ、歴史が重要だという素朴な言説へと収束していったが、実際の都市空間では一九九五年以後、インターネット、ソーシャル・ネットワーキング・サービス、スマートフォンの普及によって情報環境の拡大が進み、私たちは情報空間と物理空間を使い分けながら生活するようになった。そこに新しい建築の萌芽は見られないのだろうか。

「サーチ&ブラウズ」、すなわち「検索」と「遭遇」という情報空間での行動を思い浮かべる時、典型的なスーパーマーケットや家電量販店、コンビニなど郊外型店舗のインテリアが現象として興味深い。棚の上端が低く揃えられ、筒抜けになった上半分に商品位置を示すサインがずらっと並び、下半分に商品が並ぶというように、身体スケールで上下に分節されているこの構成によって私たちは、目的の商品を探しながら検索を行い、目的の商品を探して移動するプロセスで目的外の商品に遭遇することができる[fig.8-9]。

この空間構成の根拠は「目が身体の上にあり、手足が下にある」という人間の身体の構成に基づく。ここでは、全身を駆使してネットブラウザの「サーチ」と「ブラウズ」のように空間を使っている。一部の家電量販店のように棚とサインの向きを一方向に固定してサインをエントランスから一望できるようにし、より積極的に建築へ応用している例もある。

サインが同じ視野のなかで平行に並んでいると商品の位置情報が二次元の画面に並んでいるように感じられ、通常は三次元で一体的な空間が、文字情報が並び、より強く視覚化された上半分の二次元的な空間と、商品が積まれ、より流動化された下半分の四次元的な空間の二層に分解され、異なる構成原理をもつ空間が経験として統合されるように感じられる。

情報化と身体の関係について、ハンス・ホライン(一九三四―二〇一四)は一九六〇年代末、ワルター・ピッヒラーとともに頭にすっぽりとかぶせたモニター装置を組み込んだヘルメット[fig.10]や、一個のピルを「ノン・フィジカル・エンバイラメンタル・コントロール・キット」と呼び、患者の環境を改善する「建築」だと主張した。構築された物質だけではなく、ノンフィジカルな環境もフィジカルな環境と等価であると主張したのである。

スーパーマーケットのインテリアは、ホラインらの主張とは異なるかたちで身体機能の拡張を行う。建

fig.8

fig.9

fig.10

fig.8 ――ウェブブラウザのような空間[1]スーパーマーケット：検索空間(上半分)と遭遇空間(下半分)｜撮影＝著者

fig.9 ――ウェブブラウザのような空間[2]空港｜撮影＝著者

fig.10 ――ワルター・ピッヒラー「ヘルメット」(一九六七)｜出典＝隈研吾『新建築入門』(筑摩書房、一九九四)

築の物理空間における検索システムは、かつてロバート・ヴェンチューリ（一九二五―）とデニス・スコット・ブラウン（一九三一―）らが『Learning from Las Vegas（ラスベガスから学ぶこと）』（一九七二）以来研究しているロードサイド建築の看板のように、サインシステムとして発達してきた技術であり、高速道路のインターチェンジ、ターミナル駅、空港等、空間の素早い検索が求められる場所ではスーパーマーケット同様に大きな空間にサインを浮かべる空間構成が採用されている。スーパーや空港に見られる水平移動を促す巨大な床と、キャスターのついた買い物かごとそれを滑らかに移動させる目地のない床素材なども空間全体をウェブブラウザとして機能させる構成の一部となる。

IKEAとAmazon――情報建築の二大類型

スウェーデン発のグローバルブランドであり、独特の店舗形式を持つインテリアショップ「IKEA」［fig.11］では、コールハースが「シアトル」で試みたことが、スーパーやコンビニとは異なるかたちで展開されている。ここではまず客は二階のショールームへと誘導される。このショールームは複数のループ型動線からなる回遊型が基本である店舗設計のセオリーに反して、動線がひとつしかなく、一方通行でショートカットも枝分かれも後戻りもない。一通り巡ったところにカフェがあり、一階に下りると特価品の並ぶコーナーを経て、最終的にインテリア的な仕上げのない、店舗の裏側のような倉庫へ通される。「セルフサービスエリア」と呼ばれるその空間には棚に番号が振られており、ショールームで取ったメモを片手に「Amazon」倉庫のピッカーのように棚からお目当ての商品を探し出してカートに積んでいく。

fig.11

fig.12

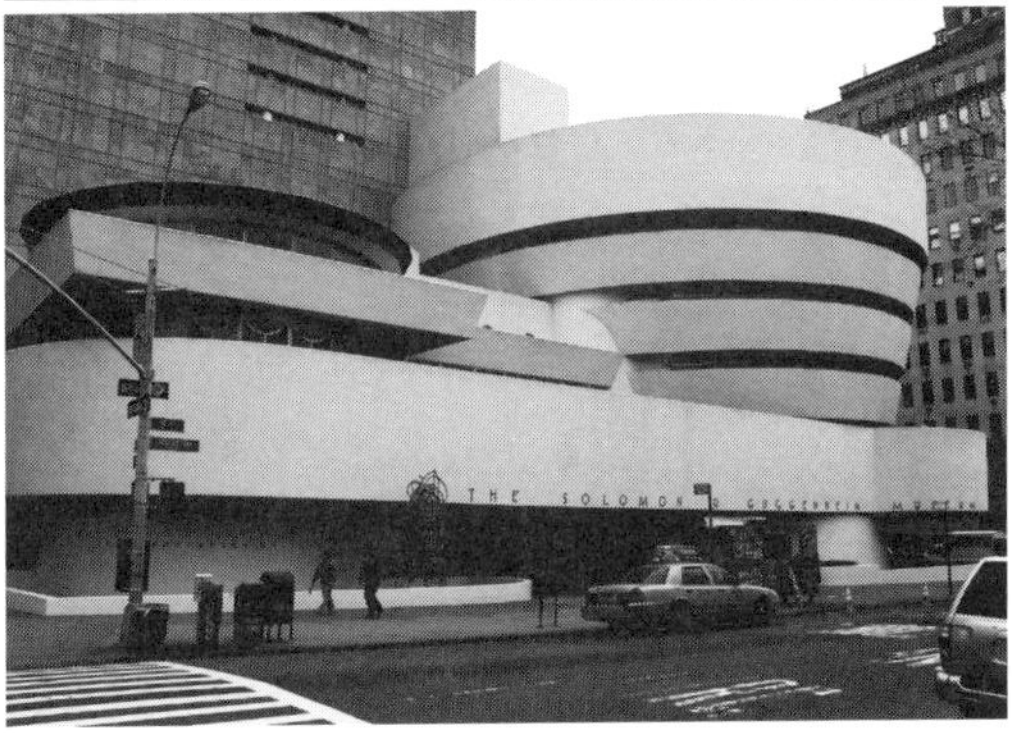

fig.11——ウェブブラウザのような空間[3]
IKEA：検索(1階)と遭遇(2階)

fig.12——IKEAのモデルとなった
フランク・ロイド・ライト
「ソロモン・グッゲンハイム美術館」
撮影＝Juks Antonio

ＩＫＥＡではショールームはブラウズの空間として「遭遇可能性」が高められ、倉庫はサーチの空間として「検索可能性」が高められている。店舗には多かれ少なかれ「遭遇可能性」と「検索可能性」がハイブリッドされているものだが、ＩＫＥＡは世界中の支店で、共通した構成を採っており、その明快な二層構造によって、ウェブブラウザのような構造をもたらしている。

「マーケットホール」などの店舗の基本的なコンセプトは一九六五年にストックホルムにオープンしたIKEA Kungens Kurvaから導入された。創始者イングヴァル・カンブラードは建築を学んでおり、店舗の設計にあたってはフランク・ロイド・ライト（一八六七－一九五九）の代表作である「グッゲンハイム美術館」（一九五九）をモデルにしたとされる[註6]。グッゲンハイム美術館では来場者がいったんエレベータで最上階へ上がった後、アトリウムの周囲に螺旋状の展示室を辿っていく一方通行の動線が設定されているが、これは最上階に来場者が目的にしやすい飲食店街、書店、映画館等を配置し、目的を果たした後で下層階に立ち寄ることで消費を促す「シャワー効果」を意図したデパート建築の特徴を形式化したものである[fig.12]。

「ＩＫＥＡ」は「Amazon」と異なり、ネット販売を行わない。「Amazon」が物理空間に店舗を持たず倉庫のみを持ち、ブラウザ上のレコメンド機能によって遭遇可能性を演出するのに対し、「ＩＫＥＡ」は物理空間の検索可能性と遭遇可能性を分離し、それぞれの純度を高めて情報空間に適応している。どちらも情報化以後の建築の例として興味深い。

リテラルな巨大さへ――より強い空間的熱狂を求めて

情報化に連動した空間上のもうひとつの変化として、近年の商業施設やイベントの巨大化も挙げられるだろう。郊外型ショッピングモールでは、巨大な店舗をさまよう人々を適切に誘導し、心地よい消費を促すために、サインシステムや動線計画が精緻に進化を遂げている。両端に核テナントを置き、それらを三層で中央に吹き抜けを持つ「ガレリア形式」と呼ばれるモールでつなぎ[fig.13]、カーブした8の字型の動線で消費者を歩かせる店舗の形式は世界中で共通しており、世界標準となった[註7]。

かつて郊外型の店舗といえば文字通り倉庫のような簡素なものであった。しかし情報化以後、郊外型店舗のインテリアデザインは蛍光灯を間接照明に、Pタイルをカーペットに、直線を緩やかなカーブへとヴァージョンアップし、快適性が高まると同時に、より多くの店舗を並べ、店舗だけでなく映画館やスポーツクラブも、さらには商業機能だけでなく図書館や郵便局などの公共機能も並べる、というようにより多くの機能を複合化させることでより「空間的熱狂」を高めるものとなっている。

巨大化の背景には当然経済のグローバル化、不動産の証券化による投資環境の拡大のほか、物流のネットワークの国際化などの背景があり、それらもまた情報化のひとつの表れであるが、情報空間の図式的明瞭性の高まりとともにより強い空間的熱狂を求めて物理空間が再編されてきたことも理由のひとつであろう。建築はどんどん巨大になり、ひとつの都市のようになっていく。

かつて原広司（一九三六-）は自邸である「原邸」（一九七四）の設計に際して、「住居に都市を埋蔵する」というコンセプトを提唱し［註8］、都市をメタファとして建築を設計することを試みた。レム・コールハースもまた、フランスとイギリス、ベルギーの結節点であるリールに国際会議場「コングレスポ」を設計した際、現代都市が求める巨大な建築は、その巨大さゆえに近代建築の理論がめざしてきた内外の一致、都市と建築の関係という命題を無効にさせることを指摘し、それを「巨大性 Bigness」と名付けた［註9］。

しかし、情報化、グローバル化以後の都市が生んだ巨大建築はもはやメタファの域を超え、都市そのものを飲み込む巨大さを持つ。かつての百貨店は人口一〇万人に対して一万平方メートル、すなわち二〇万人都市では二万平方メートル、三〇万人都市では三万平方メートルが標準とされており、一九九三年に「世界最大級」の売り場面積とした改装された東武百貨店がわずか七万平方メートル弱程度であったことを考えると、二〇〇八年にオープンした「イオンモール越谷レイクタウン」の二四万平方メートルや、

fig.13 ――ガレリア形式のモール「トロント・イートン・センター」｜撮影＝Chrisopher woo

fig.14 ――都市を埋蔵した巨大建築「大阪ステーションシティ」｜撮影＝著者

fig.13

fig.14

二〇一一年にオープンした「大阪ステーションシティ」の五三万平方メートル［fig.14］という床面積は従来の店舗と面積が桁ひとつ違う、リテラルな巨大さを備えていることがわかる。

趣都の解体——国際展示場に集まる若者たち

そのような情報化以後の建築のリテラルな巨大化で急速に力を失ったのが現実の都市空間である。一九八〇年代から一九九〇年代までの都市空間では原宿のようにサブカル系の若者が集まる場所、渋谷のようにギャルが集まる場所、秋葉原のようにオタクが集まる場所、というように、趣味と都市空間は結びついていた。森川嘉一郎はそれを「趣都」と呼んだ［註10］。

ところが二〇〇〇年代に入ると若者たちはそうした場所に集まらなくなる。新たに若者が集まる場所となったのは「幕張メッセ」や「東京ビッグサイト」のような巨大な展示場である。幕張メッセは一九八九年、東京ビッグサイトは一九九六年にオープンし、これらは本来「東京モーターショー」のような国際見本市の開催を目的として企画されたものであった。一九九七年から「東京ビッグサイト」を全館貸し切って開催して

fig.15——巨大な仮設都市であるロックフェスティバル｜撮影＝Kevin Utting
fig.16——物理空間に現れたインターネットの空間感覚「ニコニコ超会議」｜撮影＝著者

fig.15

fig.16

いる「コミックマーケット」や、二〇〇〇年に開始され翌年から「幕張メッセ」周辺を会場としている「サマーソニック」のようなロックフェス[fig.15]が定着してくると、特定の趣味を共有する人々が一〇万人単位でこれらのイベントに動員されるようになり、若者が日常的に集まり交流する場は地元もしくはネット上で、年に数回のイベント時にはいっせいに湾岸の国際展示場に集まる、というように集まり方が変わるようになる。

これらの巨大イベントでは、単一のコンテンツへの囲い込みというよりは常に複数のコンテンツが並走し、選択しながら楽しむことのできる構造が提供されている。その構造を実現するためには十分な広さ、あるいは大きさが求められ、そこに集まる大勢の人々も含めて「空間的熱狂」が提供される。ブロードバンド環境が整備され、ネットの配信でコンテンツがある程度自由に手に入れられるようになった今、現実の物理空間はネットにはない空間的熱狂を求めて巨大化を続けているのである。

現実の都市空間の役割

―

このように現代の都市では、建築が巨大化によって「都市以上に都市のような」空間を提供するようになりつつあるが、現実の都市空間の強みは何か。

幕張メッセで開催されている「ニコニコ超会議」を訪れると、インターネットが実現する情報空間と現実の物理空間の役割の違いが浮かび上がってくる[fig.16]。「ニコニコ動画」は、インターネット上の動画投稿サイトにユーザーが字幕を投稿できるサービスで、二〇〇六年に開始された。いわば野次を飛ばすように動画を鑑賞することができ、そこから「踊ってみた」とか「謳ってみた」のように素人が芸を披露し、参加を募るコーナーなど、数々の個性的な集まりをインターネット上に生み、独特の情報発信を行うメディアとなっている。

「超会議」はそのような集まりを実空間で行う、いわゆる「オフ会」を集合させたもので、二〇一二年から毎年一回幕張メッセを会場に開催され、今年(二〇一四年)で三回目となる。動員数は二〇一三年度実績では一〇万人、二〇一四年度は一三万人弱、ネット上での中継へのアクセス数は七六〇万人となり、巨大なメディアと化している[註11]。安倍首相を始め政治家が訪れたり、自民、公明、民主、維新というように各政党や自衛隊もブースを出展していることでも話題となっている。

ゲームやアニメ、鉄道や音楽等、趣味のブースはどれも濃密で「踊ってみた」などの参加型企画も大変盛り上がっているのだが、例えば大相撲のように既存のコンテンツをあえて導入する試みもある。会場に設置された大相撲の土俵の周囲には人だかりができつつ、同時に大量の人が通り過ぎていく。スポーツを街角で見るような感覚はとても新鮮であり、ネットサーフィン的な感覚から発想された物理空間である。背景にニコニコ生中継の大画面があり、野次を飛ばしながら見る雰囲気がメディアととても合っている。

黎明期のインターネットはサイバースペース（空間）、ホーム（家）ページというように都市を比喩にしていた。超会議は大小のブースが連続していて、大勢の人が少しずつのぞきながらうろうろし、部分的に熱狂している様子が結果的に現実の都市空間とよく似ており、都市が埋蔵されている。

ただ、都市空間や他のイベントの会場設計と比較しつつ、「超会議」の会場をみると、動線設計は回遊性が低く、混雑し、オープンスペースが貧相で消費の場が画一的であるという印象もあった。まだ歴史が浅く、イベントの会場設計として発展途上ではあるが、逆説的にネットユーザーの空間感覚がよく理解できるサンプルでもあった。物理空間で心地よいとされている都市空間は回遊性があり、オープンスペースが豊かで、消費の場が多様である。それらは多くの人の巡礼を目的とする観光地ならば必須の条件と言ってもよく、物理空間の強みがよくわかる。

他方、社会学者の鈴木謙介（一九七六－）はインターネットが普及した後のコミュニケーションの空間的状況に関して、ウェブの情報空間が物理空間と結びつくことで「多孔化」していると指摘し、人々のコミュニケーション空間の「多孔化」と矛盾しないようにイベントを設計することの必要性を説いている［註12］。幕張メッセや東京ビッグサイトなどの国際展示場で開催される数々の巨大イベントは、複数のチャンネルを同時に有するようにイベント空間を物理的に巨大化することで多孔化する試みであるとも言える。

かつては現実の都市空間こそが複数のコンテンツを並走させ、多孔化したコミュニケーションを保証する空間であった。しかし、情報空間が都市以上に都市的なより強く「多孔化」した空間として現れた今、物理空間の都市は役割変更を迫られている。今後、情報環境を含んだ現代の創造的な都市空間の条件を理解し、物理的な都市空間が人々のコミュニケーションの舞台としての役割を取り戻すためには、国際展示場で展開されている数々の仮想都市の試みをよく観察し、現実の都市空間の設計へとフィードバックしていく必要があるだろう。

アーキテクチャ

このように現代の都市空間は物理空間と情報空間の二層化が進み、物理空間では巨大化が進んでいる。そこでは建築の捉え方はどのように変化しているだろうか。

アメリカの憲法学者であるローレンス・レッシグ(一九六一—)は現代社会をコントロールする権力の類型として「法・規範・市場・アーキテクチャ」の四つを掲げる。例えばタバコを吸うのをやめさせようとした場合、法律で取り締まるか(法)、健康被害をキャンペーンするか(規範)、価格を吊り上げるか(市場)に加えて、そもそも売っている場所をなくす(アーキテクチャ)という四つめのアプローチが可能であるとする[註13]。

ローレンス・レッシグ「現代の権力の四つの型」

例：喫煙をやめさせるには？

［1］法――法律で取り締まる

［2］規範――健康被害をキャンペーンする

［3］市場――価格を吊り上げる

［4］アーキテクチャ――そもそも売っている場所をなくす

レッシグが論じたのは、主にインターネット上の問題であり、今日「アーキテクチャ」といえばコンピュータ・システムの互換性を保証する基盤部分を指す。レッシグの論じる「コントロール」という視点で現実の都市空間を見てみると、商業施設なら「消費を促進させる」という目的に沿って「なるべく長く滞在させる」「なるべく長く歩かせる」「なるべく多く休憩させる」などのために人々のふるまいをコントロールする装置が実装されている様子を思い浮かべることができる。すなわち、アーキテクチャによる管理＝意識されないレベルで人々をコントロールすることが可能である。

例えば、セルフサービス方式の導入されたスーパーマーケットでは「滞在時間が長ければ長いほど売り上げが上がる」というセオリーに基づき、平滑な床の上をカートを転がらせて、なるべく多く歩かせ、売り上げをのばそうとする。日本で発達したコンビニではファサードをガラス張りにしてその手前を雑誌コーナーとし、立ち読み客が溜まることで他の客を誘引し、さらに人々の目的になりやすい清涼飲料水や弁当をなるべく奥のほうに配置して店内を散策させるようにしている。さらにＩＫＥＡのショールームでは意図的に動線をひとつに絞り、長く歩かせたうえで途中にカフェを配置し、休憩を促す。

タバコを売っている場所がなければそもそも喫煙が規制されていることを意識することもないように、さまざまな仕掛けによって私たちは無意識のうちにコントロールされてしまっているわけだが、このようにある意図をもってユーザーのふるまいをコントロールするための物理的な仕掛けを改めて「アーキテクチャ」と呼ぶことにしよう。

ソーシャル・アーキテクチャへ

以上のように一九九五年以後の都市と建築は、新たに現れた情報空間（サイバー・スペース）との比較において再編成されつつある。多くの建築家は情報空間が「図式的明瞭性」や「検索可能性」にすぐれていると考え、物理空間に実現される建築には情報空間にできないこと、すなわちテクスチャやスケールなど人間の身体感覚を直接刺激する「空間的熱狂」や目的外の行為に出会う「遭遇可能性」の追求が、その可能性であると考えた。

しかし、都市空間、特にスーパーマーケットのような商業施設をよく観察すると、そのインテリアの空間は「検索可能性」と「遭遇可能性」をハイブリッドさせるかたちで再編成が進んでおり、あたかも「サーチ」と「ブラウズ」の機能をハイブリッドさせたウェブブラウザのように機能していることがわかる。それらは社会現象の分析に優れ、表現力の高い一部の建築家たちの手によって図書館や博物館などの公共施設の空間構成へと応用されようとしているが、多くの建築では切り離されたままである。

—

［a］　情報空間――――図式的明瞭性――――検索可能性

空港／ターミナル駅／物流倉庫／インターチェンジ／Amazon

［b］　実空間――――空間的熱狂――――遭遇可能性

国際見本市会場／ロックフェスティバル／国際芸術祭／ロードサイド

［c］　両者の統合――――

スーパーマーケット／ショッピングモール／ＩＫＥＡ／シアトル・パブリック・ライブラリー／せんだいメディアテーク

「WEB2・0」と呼ばれる第二世代のインターネットのサービスが展開されると、情報空間における「検索可能性」に関してはグーグルのような検索エンジンが、「遭遇可能性」に関してはツイッターやフェイスブックのようなソーシャルネットワーキングサービスが、それぞれ発達する。いずれもアルゴリズムとして優れているというよりは、プログラムにユーザーの行為を取り入れて機能させる点が特徴的である。しかも、より多くのユーザーが参加すればするほど、より精度の高い結果が得られる仕組みとなっている。

グーグル的なアーキテクチャが実装可能ならば、社会のニーズに高度に応える建築が実現可能だろう。ツイッター、フェイスブック的アーキテクチャが実装可能ならば、社会の交流を高度に加速させる建築が実現可能だろう。消費者の個別のニーズに応え、他人と共に消費を楽しむ新しい消費に応える新しい商業空間も可能だろうし、地域ごと、施設ごとのニーズに応え、活発な交流の場を提供する新しい公共空間も実現するかも知れない。

情報空間がそうしたように、今後は建築による物理空間も検索可能性と遭遇可能性を切り離し、それぞれの精度を高めつつハイブリッドさせるというかたちで再構成が進行するだろう。それがより多くのユーザーの参加によって、よりよい建築が生まれる「アーキテクチャ」＝ソーシャル・アーキテクチャを備え、「参加」の意味そのものを変えるものとなるにはどうすればよいだろうか。

註

1——小野田泰明『プレ・デザインの思想』TOTO出版、二〇一三。
2——佐藤泰「(仮称)せんだいメディアテーク設計競技からの報告」せんだいメディアテーク公式ホームページアーカイブ〈http://www.smt.jp/archive/data/mediatheque/competition/report.html〉
3——藤村龍至・TEAM ROUNDABOUT(編)『アーキテクト2.0——2011年以後の建築家像』彰国社、二〇一一。
4——伊東豊雄『あの日からの建築』集英社、二〇一二。
5——レム・コールハース『a+u OMA@work.a+u — a+u Special Issue』エー・アンド・ユー、二〇〇〇。
6——IKEA公式ホームページ〈http://www.ikea.com/jp/ja/〉
7——速水健朗『都市と消費とディズニーの夢——ショッピングモーライゼーションの時代』角川書店、二〇一二。
8——原広司『住居に都市を埋蔵する——ことばの発見〈住まい学大系〉』住まいの図書館出版局、一九九〇。
9——Rem Koolhaas and Bruce Mau. *S, M, L, XL: Small, Medium, Large, Extra-Large*, Monacelli, 1998.
10——森川嘉一郎『趣都の誕生——萌える都市アキハバラ』幻冬舎、二〇〇三。
11——「ニコニコ超会議」公式ホームページ〈http://www.chokaigi.jp/〉
12——鈴木謙介『ウェブ社会のゆくえ——〈多孔化〉した現実のなかで』NHK出版、二〇一三。
13——ローレンス・レッシグ『CODE——インターネットの合法・違法・プライバシー』山形浩生・柏木亮二訳、翔泳社、二〇〇一。

［第2章］一九九五年以後の建築家像——再定義される建築家

Chapter 2

権力のあり方の変化と建築家

建築のあり方には、建築を発注するクライアントのあり方が大きくかかわる。時代を象徴する建築のあり方は、宗教、政治家、商業というように、時代を象徴するクライアント＝権力のあり方に大きく影響を受ける。権力のあり方は都市のあり方やその設計手法にも大きく影響するため、時代の転換期には権力のあり方、都市のあり方、設計手法が同時に転換していく。

それゆえに、時代の転換を経験している建築家は自らと権力、都市との関係を定義するために、自らの役割や設計手法に自覚的にならざるを得ない。時代の転換とともに自らの役割や設計手法を積極的に変えないと、生き延びることができないからである。

一九六二年、近代国家の官僚組織による「計画」によって設計されてきた「都市」が、民間資本による「投機」によって開発される「大都市」に転換しつつある状況に自覚的だった磯崎新は、引き裂かれつつある建築家の職能をＳＨＩＮとＡＲＡＴＡの対話「都市破壊業ＫＫ」として描いて以来、一貫してこの問題について論じている。磯崎は一四歳で終戦を迎え、一九六〇年代にキャリアをスタートさせ、一九四五年（第二次世界大戦終戦）、一九七〇年（大阪万博）、一九九五年（阪神・淡路大震災）という日本近現代史上の三つの大きな切断線を横断した経験を踏まえ、一九九五年のインターネットによる情報革命を経て、資本の投機によって構成される「大都市」がネットワークによる「超都市」の時代へと転換するプロセスを論じている［註1］。

時代区分	都市類型	権力	手法
一九世紀	都市	「官僚」組織	「計画」
二〇世紀	大都市	自由経済「市場」	「投機」
二一世紀	超都市	電脳「ネットワーク」	「X」

この「都市」「大都市」「超都市」という枠組みは、世界史スケールでは一九世紀、二〇世紀、二一世紀という時代区分で概ね整理できるが、日本列島においてはもう少し凝縮して現れている。磯崎は柄谷行人の二五年周期フレームを借用しつつ、日本における時代区分を、次のように整理している。

一九二〇年——モダニズムの始まり（「計画」の始まり）
一九四五年——ヒロシマ・ナガサキに原爆投下（「計画」の本格的な始まり）
一九七〇年——大阪万博（「計画」の終わり／「投機」の始まり）
一九九五年——情報ネットワークの成立、阪神・淡路大震災（「投機」の本格的な始まり／「X」の始まり）

磯崎の見立てでは、世界史的には三世紀にまたがる近代化の発達段階が、日本では一世紀以内に圧縮されている。その度に変更される「建築家」の定義を受け入れ、乗り越えた経験が磯崎をして「制度としての建築家」というテーマを繰り返し語らしめているのである。

これは東日本大震災の発災から二週間後の二〇一一年三月末の議論における整理であるが、現在では手法「X」の手がかりとなる状況も少しずつ見えてきた。そこで、ここでは磯崎の問題設定を拡張させ、明治新政府によってArchitectureが輸入された一八六八年まで遡り、そこから現在まで建築家像がいかに変容してきたのか、歴史的経緯を概観してみよう。

一九二〇年以前——「造家」から「建築」へ

一八六八年、明治新政府が設立される。さまざまな近代科学技術や制度が輸入されるとともに「Architecture」という単語も輸入され、まず「造家」と訳された。そして、東京帝国大学(現・東京大学)工学部の前身、工部大学校に「造家学科」が設立された。

工部大学校一期生であり、後に「日本銀行本店」(一八九六)や「東京駅」(一九一四)[fig.1]など、新しい時代を象徴するような建築の設計を数多く手がけた辰野金吾(一八五四－一九一九)ら工部大学校卒のエリート建築家たちは、庁舎建築によって新しい行政制度を、銀行建築によって新しい銀行制度を、学校建築によって新しい教育制度をというように、新しい近代の諸制度を可視化する役割を果たした。

ただ、同時期に日本各地に広がったのは東京帝国大学卒の建築家による西洋近代的な技術の体系に基

fig.1

fig.2

fig.1——輸入された建築 辰野金吾「東京駅」

fig.2——模倣された建築「旧開智学校」 撮影＝Wiiii

づく正統的な設計だけではなく、大工によって西洋建築を模倣した「擬洋風」建築であった。長野県松本市に建設された「旧開智学校」(一八七六)[fig.2]に代表されるように、伝統的、慣習的な木造建築の構造の上に、見よう見まねの西洋建築を被せた建築が、全国に設置された学校建築等で意匠的な流行となった。

やがて「造家」という訳語について問題提起がなされる。それをリードしたのは辰野らに続く第二世代の伊東忠太(一八六七―一九五四)であった。伊東は一八九四年、改称の提案を行う。当初「大匠道」という訳語も提案したが、議論の末に採用されたのは「建築」という訳語であった。そして一八九七年、「造家学会」は「建築学会」へと改称する。

英語では、プライベート空間に過ぎない「家House」と、概念としての「建築Architecture」ははっきり区別される。「造家Making House」という言葉は、日本独特の歴史的経緯や理解を表すものであるが、西洋の伝統的な社会制度に基づく「建築Architecture」という概念とはいかにもギャップがあった。

伊東は日本建築をギリシャ建築の進化形と位置づけるなど独自の歴史観を組み立て、西洋のスタイルの模倣ではない、独自の意匠論を模索する。西洋近代建築をただ模倣するだけでなく、かといって伝統的建築をただ反復するだけでなく、新しい意匠論を組み立てることで時代にふさわしい日本近代建築像を提示しようとしたのである。

一九二〇—一九四五 関東大震災以後——構造派VS芸術派

そんな矢先の一九二三年、関東大震災が首都東京を襲う。日本では一八九一年の濃尾地震をきっかけに耐震構造についての研究が始められ、一九一〇年には佐野利器によって耐震設計法「家屋耐震構造論」が

fig.3

fig.4

fig.3——構造派：震災復興小学校
出典＝越沢明『東京都市計画物語』（日本経済評論社、一九九一）

fig.4——芸術派：堀口捨己「紫烟荘」
出典＝『叢書・近代日本のデザイン 昭和篇 56 住宅論／紫烟荘図集／住宅双鐘居』（ゆまに書房、二〇一三）

発表される。佐野は一九〇〇年に東京帝国大学建築学科へ入学。その頃の授業は意匠が中心であったが、「形の善し悪しとか、色彩のことなどは婦女子のすること」だと考えた佐野は、研究が始められたばかりの構造設計を志すようになる。

関東大震災では欧米型のレンガ造による建築に被害が続出し、震災直前に竣工した内藤多仲の構造設計による当時の「日本興業銀行本店」には被害がなかったことから、鉄筋コンクリート造が本格的に普及するきっかけとなる。佐野は東京都建築局長として東京都区内の被災地において一〇〇件以上の震災復興小学校[fig.3]を鉄筋コンクリートによって建設することを主張し、建築の近代化の手本を示していく。

歴史家の中谷礼仁は、ほぼ同時期に『装飾と犯罪——建築・文化論集』を著したアドルフ・ロースと佐野のあいだには共通点も多いとしたうえで、ロースが明確に装飾を否定したのに対し、佐野は近代と伝統の接点を模索する伊東忠太のような折衷美術派を「半殺しのまま」残存させ、「用vs美の二元論」を展開したことを指摘し、日本独特の議論の分化の経緯を論じている[註2]。

佐野らは西洋モダニズムのように構造と意匠の統合をめざすというよりも、「科学的アプローチ」を掲げてむしろ両者を分離し、意匠に無関心なエンジニア像を作り上げた。一九一〇年代から一九二〇年代にかけての近代主義の黎明期には耐震・耐火、大量生産、都市計画といった社会的なテーマが前景化したこともあり、佐野ら構造エンジニアの発言は強いものとなっていくが、それは関東大震災をきっかけにさらに強いものになり、意匠デザイナーの立場は相対的にどんどん弱まっていく。

一九二〇年、東京帝国大学を卒業した堀口捨己は佐野らの構造派による工学的側面への傾斜に反発し、同級生とともに「分離派建築会」を設立する。堀口らはヨーロッパの前衛美術運動の影響を受けつつ百貨店での展覧会や出版物の制作を通じて建築の芸術性を主張し、一九二八年まで活動を展開する[fig.4]。

堀口は一九三二年、新設された帝国美術学校(現在の武蔵野美術大学)へと着任、後に明治大学建築学科の設立(一九四九年)へかかわっていく。二〇〇〇年代に表層の実験に活躍したのは東京藝術大学出身の乾久美子や長坂常、中山英之、石上純也など美術系大学出身者ばかりでなく、明治大学出身の中村拓志、禿真哉らであったが、そのルーツには、元祖・表層派であった堀口捨己の活動があったのである。

一九四五―一九七〇 第二次世界大戦以後――マスプロ派VSデラックス派

終戦から一〇年以上が経った一九五〇年代末、日本社会は戦後の混乱期から徐々に立ち直り、国際社会への復帰を果たし、農村部からあふれた労働力が大都市へ流入し、都市はふたたび成長を続けていた。日本は戦争によるダメージを経て、国家主導の資本主義化によって都市化の進んだ一九二〇年代初頭以来の活気を取り戻しつつあった。

そんな一九六一年、『現代建築愚作論』なる評論集が出版される。歴史家の伊藤ていじ、都市計画家の川上秀光と磯崎新が「八田利也」というペンネームで評論を交代で執筆したものだった。彼らは「小住宅ばんざい」などと、個人住宅に取り組む建築家たちの取り組みを嘲笑いながら、「状況が変化するなかで建築家の職能がどのように変化するか」という問題を繰り返し論じた[註3]。

「変化」とは、個人住宅の大量生産化と建築物の巨大化をめぐる変化である。一九五〇年代に「小住宅」が前衛的であったひとつの時代が終わり、職能の分裂が起きつつあることを指摘した上で、建築家にスタンスの判断を迫った。量産化や巨大化に抵抗し、社会に流されまいと小住宅にこだわり、それゆえに社会に取り残されるアーティストタイプの建築家を「デラックス型」、社会の流れに乗り、結果として無個性になっていくエンジニアタイプの建築技術者を「マスプロ型」と分類した。

それは佐野利器が一九二〇年代初頭に展開した議論の反復であった。佐野ら構造派は中産階級向けの住宅は大量生産で行われるべきだと主張していた。八田は「デラックス型」と「マスプロ型」の対立を嘲笑うだけでなく、乗り越える第三極を提案しようとした。ニュータウンや都市再開発等、佐野の時代よりさらに大きなかたちで都市に巨大さを伴った新しい現実が生じていることを指摘したうえで、それを建築家の新しいフィールドとせよ、と主張したのである。建築家の新しい表現のあり方として多作であった

fig.5

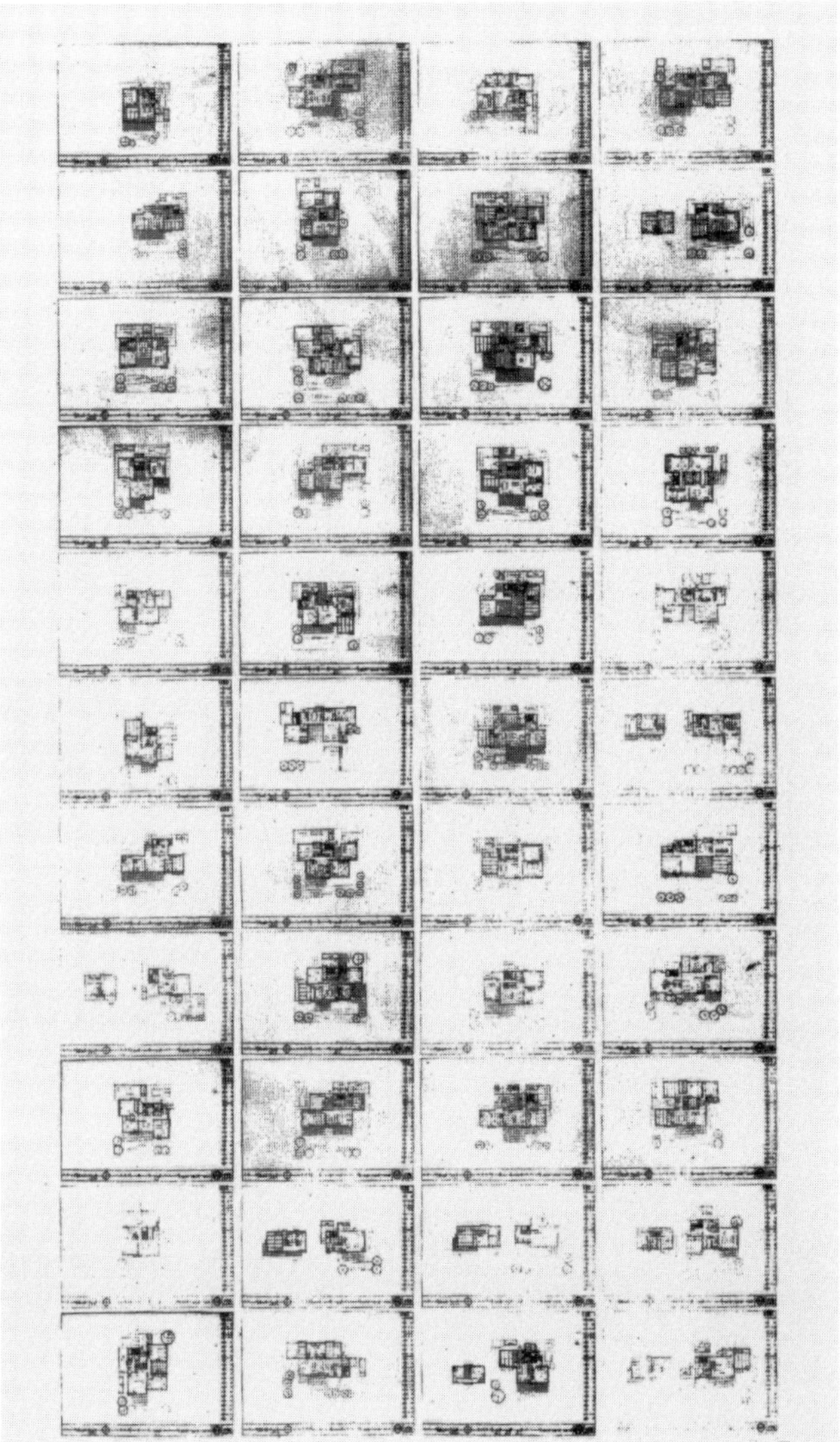

fig.5——アンケートをもとに望ましいプランを提示する大量設計システムＲＩＡ「住友信託ＲＩＡシステム」——出典＝『建築文化』一九六九年九月一七日号（二七五号）

アメリカの巨匠、フランク・ロイド・ライトの名前を挙げ、「愚作」を積み上げたうえで「傑作」を残す新たな作家性を実践せよ、そうすれば建築家は社会の主流となることができる、とエールを送ったのである。

実際に集団による大量設計を掲げて「愚作論」を実行したのは芸術派の流れをくむ山口文象が設立にかかわった設計組織RIA(Research Institute of Architecture)であった。RIAは一九五〇年代初頭は木造小住宅をフィールドとしてモダニズムと伝統工法をハイブリッドさせる折衷芸術派であったが、やがて受注件数の増加とともに設計をシステム化するようになる[註4]。一九六八年には住友信託銀行からのコンピュータの活用方法についての提案依頼を受け、東京工業大学社会工学科石原研究室の協力を得て、自らの設計事例をデータベース化し、アンケートに答えると望ましいプランの番号を示す「住友信託RIAシステム」を開発する[fig.5]。

最終的にRIAは住宅の設計と施工を一貫させた商品化住宅を売り出すハウスメーカーの台頭により、大量設計システムを開発した一九六八年を境として住宅分野からの撤退を余儀なくされる。RIAはもうひとつのマスプロ派のフィールドである市街地再開発事業に取り組み、全国に再開発事例を拡げていくが、これも二〇〇〇年代に入るとハウスメーカーの再開発事業への進出により競争を強いられるようになっていく。

一九六〇年代　丹下健三の奇跡——意匠と構造と社会を貫く

佐野ら構造派はアカデミズムを支配し、一九一九年の市街地建築物法と都市計画法の設立にかかわるなど社会との結びつきを強める一方で、意匠への関心を持たなかった。他方で芸術派の流れを汲むＲＩＡは「愚作論」が唱えた大量設計に一時的に成功するが、最終的にハウスメーカーに負けてしまう。工学と社会が結びつきを強める一方で、意匠と工学は乖離し、意匠と社会も乖離してしまう。西洋モダニズムがめざしたような、意匠と工学と社会を貫く真の意味での「建築家」は生まれないのだろうか。

一九六〇年代の丹下健三(一九一三－二〇〇五)は意匠と工学と社会を貫く西洋モダニズム的な意味での「建築家」のモデルを示した数少ない例であろう。丹下は「広島平和記念公園」コンペに勝利し、ル・コルビュジエのピロティを日本伝統建築のプロポーションで実現するというように折衷芸術派的アプローチを採りつつ、広島の東西軸である平和大通りに直交し、原爆ドームを取り込む軸線の設定によって建築の存在を都市全体へと位置づけ、原爆投下によって壊滅した都市に「原爆の悲惨さを訴え、核廃絶を訴える平和都市」という政治的メッセージを発信する舞台を与えた。意匠論的主題が都市計画的視点を介して政治的主題と接続する、工学一辺倒の佐野利器にも、データベースシステムのＲＩＡにもなかった三階層のアプローチであった。

一九五九年に提出された丹下の博士論文のタイトルは「大都市の地域構造と建築形態」というもので、以後六〇年代を通じて、統計的アプローチを駆使し、人口の動態を見極めながら日本列島のあるべき姿を提言していく。それは日本全体の政治的な課題とも合致するものだった[註5]。一九六〇年に池田勇人によって打ち出された「国民所得倍増計画」およびその後の「全国総合開発計画」(一九六二)では京浜、中京、阪神、北九州の四大工業地帯を繋ぐ「太平洋ベルト地帯構想」が打ち出され、丹下は統計的なアプローチのもと工業出荷額の多いところへ集中投資せよという主張を展開し、都市社会学者の磯村英一らとともに太平洋側を貫く国土軸「東海道メガロポリス構想」のイメージを打ち出す[fig.6]。一九七〇年、大阪で開催された日本万国博覧会のために日本中の建築家たちが集結した。全体構成を丹下健三が、エキスポタワーを菊竹清訓が、東芝ＩＨＩ館を黒川紀章が、というように、日本中の建築家がかかわって会場設計が行われ、未来都市のイメージが集大成された。建築家による「意匠」が最新技術と結びつき、社会的に最も広まった瞬間だった。しかし皮肉にもこの博覧会の打ち出したイメージが、都市の将来像を提案するという建築家のロールモデルを打ち切ることになる。

磯村・丹下らの国土軸論は都市工学、社会工学的な見地からは妥当といえるものであり、社会的にも大きな話題となったが、政治的には既成の大都市に偏った主張でもあった。やがて公共投資の地域配分の偏りであるとして他の地域から批判が出されるようになる。一九六九年の「新全国総合開発計画」

では高速交通網と大規模プロジェクト方式による全面的な開発が打ち出され、地方に開発を積極的に誘導したい自民党の思惑と丹下らの構想は次第に食い違いが大きくなり、丹下と社会の間に距離が生まれ始めていく。一九六〇年代、所得倍増計画と国土軸構想のもとで奇跡的に一貫していた意匠、工学と社会がふたたび乖離し始める。

田中角栄『日本列島改造論』(一九七二)

そんな矢先、田中角栄の『日本列島改造論』(一九七二)が出版される[fig.7]。一九七二年六月に出版された

fig.6

fig.7

fig.6——丹下健三『日本列島の将来像——21世紀への建設』(講談社、一九六六)
fig.7——田中角栄『日本列島改造論』(日刊工業新聞社、一九七二)

同書は、田中が通商産業省の大臣だった一九七一年の暮れに発案され、田中を中心に通産省の若手役人と日刊工業新聞の記者六、七人でテーブルを囲み、田中の構想をまとめるかたちで編集された。構想を裏付けるデータは各省の幹部に依頼して届けられたという[註6]。同書は自民党総裁選に合わせて出版され、ベストセラーとなる。田中は総裁選に勝利し、首相に着任、国土計画が政策マニフェストとなった。

田中は「田中土建工業」という建設会社を経営していたことが知られているが、それ以前に「田中建築事務所」という設計事務所も経営し、建築士法を議員立法で提出するなど建築に深くかかわっていたことが知られている。田中の政策は「三国峠をダイナマイトでぶっ飛ばせば新潟に雪は降らなくなる、その土砂で佐渡との間を埋め立てる」という演説が知られるように、常に空間に翻訳されて語られ、それゆえに影響力があった。

『日本列島改造論』の骨子は「新全国総合開発計画」(一九六九)の考え方の延長線上にあり、全国に港湾を整備し、高速鉄道と高速道路によってそれらをネットワークし、貧しい農村からなる農業国を、世界中から原材料を輸入し、それを各地へ輸送し、加工してふたたび輸出して加工貿易を行うことのできる工業国に変えるというものだった。

ただ、田中はそれを「俺はじっちゃんばっちゃんが笑って暮らせる田舎をつくるんだ」と要約したのだった。池田内閣以来の諸政策は工業化する大都市圏と他の地方都市のあいだ、特に太平洋側の四大都市と田中の地元である新潟を始めとする日本海側の各地方の経済格差を広げていた。そうした地方の不満を味方につけ、中央と地方の格差、都市部と農村の格差という政治的な課題を「太平洋側と日本海側の連絡」という空間的な課題に読み替え、大衆にわかりやすく印象付けることに成功したのである。

だが『日本列島改造論』が大衆に熱狂的に支持されたのはつかの間のできごとだった。一九七三年のオイルショックをひとつの契機として高度経済成長にブレーキがかかり、「都市集中の奔流を大胆に転換」という狙いとは反対に、東京へのさらなる集中、環境破壊や物価の上昇、地域社会の空洞化を招き、やがて批判の対象となる。

全国を高速交通網でネットワーク化するという『日本列島改造論』のヴィジョンは今日まで生き続け、その意味で田中は戦後最も影響力を行使したアーキテクトであったといえるが、そのあり方はインフラ整備という工学と政治の架橋に留まるものであり、佐野利器と同じく意匠への関心はなかった。結果として日本に均質な風景が広がっていく要因を作る。景観という風景の意匠が都市計画行政と全面的に関連づけられるのは二〇〇五年の景観法の施行を待たなければならなかった。

日本初の超高層の時代――マスプロ・構造派の勝利

芸術派の流れを汲む「デラックス型」と構造派の流れを汲む「マスプロ型」建築家の競争は一九六八年、「霞が関ビルディング」の竣工をもってふたたび後者に軍配が上がる。計画当初の建築基準法では三一メートルという高さ制限があったが、都市計画法改正（一九六一年）により導入された特定街区制度の利用、建築基準法の改正（一九六三年）により三一メートルを超える高層ビルの建設が可能になった。

誰が日本初の超高層を実現するのか。ひとりの候補は丹下健三だった。丹下は当時新興企業だった広告代理店の電通の第四代目社長、吉田秀雄に依頼され、築地に超高層のプランを立てていた[fig.8]。もうひとりの候補は三菱地所のビル等を手がけるマスプロ型の山下寿郎設計事務所（のちの山下設計）だった。三菱地所を追う新興デベロッパーだった三井不動産は、超高層という新しい賃貸ビルを実現したいという強い意欲があった［註7］。

丹下は入念に設計を進めていたが、吉田の急逝により計画を大幅に縮小することとなる。結果、日本初の超高層ビルである「霞が関ビルディング」は山下寿郎設計事務所というマスプロ型の組織設計事務所により竣工する[fig.9]。やがて山下事務所の若手らは日本設計を設立し、同じ三井不動産をクライアントに「新宿三井ビル」（一九七四）を実現する。

丹下による「電通ビル」は企業の本社ビルであり、企業理念やヴィジョンを内外に示すため、外観の意匠も重視されていた。ところが「霞が関ビルディング」は賃貸ビルであったため、貸し床面積が重視され、意匠面は重視されなかった。

以後「超高層ビル＝総合的な技術力を持った組織設計事務所が担当し、意匠は問題にしない」というイメージが定着する。ニューヨークの摩天楼群のように意匠が重視される超高層が日本に登場するのは、丹下が新宿に超高層を実現する一九九一年の東京都庁舎を待たなければならなかった。

fig.8

fig.9

fig.8 ——アトリエ派：丹下健三「電通旧本社ビル」（一九六七）｜撮影＝Archs｜fig.9 ——組織派：山下設計「霞ヶ関ビルディング」（一九六八）｜撮影＝Rs1421

「巨大建築論争」（一九七四）――アトリエ派VS組織派

都市景観に大きく影響する超高層のあり方が立地や床面積といった不動産業の論理のみを優先し、意匠が問題にされなくてよいのか。一九七四年九月、建築史の研究者で批評家の神代雄一郎は、『新建築』誌上にて「巨大建築に抗議する」という論文を発表する［註8］。新宿西口の「新宿三井ビル」（設計＝日本設計）［fig.10］や「NHKホール」（設計＝日建設計）などの巨大建築を、設計事務所が自らの経営のために商業主義に無批判に追従した結果、人間的なスケールを失った虚しい建築を量産しているとして、新興の組織型設計事務所である日本設計や日建設計を批判した。

神代は比較対象として同時期に竣工した「東京海上日動ビルディング」（設計＝前川國男）［fig.11］を挙げ、前者を良識ある戦前派、後者を商業主義に無批判な戦後派であるとあえて紋切り型に世代論化し、建築界全体に問いかける内容を含んでいたこともあって大きな反響を呼んだ。日本設計の池田武邦、建築史家の村松貞次郎による反論、神代による再反論などが『新建築』誌上に継続的に掲載され、「巨大建築論争」と呼ばれる論争に発展した。

この論争において最も目立った言説のひとつは、日建設計に所属する林昌二の論考であった。「パレスサイドビル」（一九六六）、「ポーラ五反田ビル」（一九七一）が評価を得て、組織に所属しつつも固有名での発言が目立っていた当時の林は、「その社会が建築をつくる」と題した論文のなかで、クライアントを含む社会全体が巨大性を要請するのであって、設計者のみがその責任を問われることは建築家の能力を大きく見積もり過ぎであり、「ひいきの引き倒し」であると反論した。

神代の問題提起は社会における建築のあり方を問うものであったが、紋切り的な世代論による挑発に加え、三井ビルのカーテンウォールに貼られた青い養生シートを仕上げと勘違いするという事実誤認があったため組織設計事務所に所属する建築家を中心に大きな反論を呼び、猛反撃にあう。そのありようはのちに磯崎が「ほとんど週刊誌レベルの攻撃で抹殺を図った」と評するほどであった。

fig.10

fig.11

fig.10——戦後派:日本設計「新宿三井ビル」|撮影=Wiiii||fig.11——戦前派:前川國男「東京海上日動ビルディング」|撮影=Wiiii

結果としてそれ以後の神代は批評家としての活動を引退し、建築界ではこの「事件」以降、巨大建築の是非が問われる機会は少なくなっていく。磯崎は後に、この時の林の開き直ったかのように聞こえる「その社会が建築をつくる」という主張が、日建設計をはじめとする組織設計事務所のイデオロギーとして固定化され、アトリエ型の建築家と役割を棲み分けるきっかけとなったと分析する［註9］。

関東大震災が社会に耐震・耐火技術を要請させ、構造派の発言力を高めたように、高度成長が社会に超高層という新しい要請を生み、若い組織派の発言力を高めていく。それが工学と結びつくとともに、その発注者の多くが不動産デベロッパーであったことからふたたび外観の意匠への無関心へと結びついたのである。結果、組織派には技術への対応がまず要請され、意匠は二の次となった。そのことが後年の表層派と深層派の棲み分けへと繋がっていく。

バブル——文化施設と生産施設

巨大建築論争以後、アーキテクトはふたたび芸術派の流れを汲むアトリエ型と、構造派の流れを汲む組織型に分裂し、それぞれの役割が確立していった。建築家の職能をめぐっては、設計事務所に所属する建築家とゼネコンに所属する建築家の対立（いわゆる専兼問題）など、一九七〇年代から八〇年代にかけさまざまな議論があった。

しかしそれもやがてバブル経済による狂乱に建築業界全体が巻き込まれていく。民間企業は広告会社と組み、企業活動の広告媒体として建築家を起用し、文化施設を次々と建設した。一九八〇年代後半から一九九〇年代前半にかけて、高松伸による「キリンプラザ大阪」(一九八七)[fig.12]や、フィリップ・スタルクによる「スーパドライホール」(一九八九)[fig.13]など、道頓堀や浅草というような都市の景観イメージを決定づけるような重要な一角に建築家のオリジナリティを全面に打ち出した個性的な建築が次々と生み

fig.12

fig.13

fig.12 ——高松伸「KPOキリンプラザ大阪」|撮影=Oiuydfg || fig.13 ——フィリップ・スタルク「スーパードライホール」|撮影=663highland

表1——各ビールメーカーの主な文化施設および生産施設とその設計者

メーカー	**文化施設**			**生産施設**		
キリンビール	高松伸	キリンプラザ大阪	一九八七	三菱地所設計	横浜工場	一九九一
アサヒビール	フィリップ・スタルク	スーパードライホール	一九八九	日建設計	神奈川工場	二〇〇二
サントリー	安藤忠雄	サントリーミュージアム	一九九四	安井建築設計事務所	九州熊本ビール工場	二〇〇五
サッポロビール	伊東豊雄	サッポロビール北海道工場ゲストハウス	一九八九	渡辺建築事務所	新九州工場	二〇〇〇

出されていく。

こうした建築の発注者は、アトリエ派、組織派それぞれの特徴を見極め、目に見えて企業の存在を大衆にアピールする建築を造形のオリジナリティのあるアトリエ派の建築家に、目に見えないが企業活動の基幹となる生産施設や業務施設は技術力のある組織派の設計事務所やゼネコン設計部に、それぞれ担当させるというように、周到に役割分担していった[表1]。そこでは、アトリエ派が工場を手がけることもなければ、組織派がホールを手がけることもない。役割は、それぞれの持ち場に固定されていったのである。

意匠的に凡庸な一九七〇年代の巨大建築群に比べると、持ち場を限定されているとはいえ、建築家の創造性を存分に発揮することのできた希有な時代であった。ただし、構造や設備などの工学的な側面と意匠を統合するというより「文化事業」という名のもと、社会と切り離された状態でパフォーマンスのみを求められたのであるから、次第に建築家たちは表現をエスカレートさせ、社会や工学と無関係な純粋な意匠が量産されていく。そしてそれらはバブルの崩壊とともに空虚な意匠で浪費を促す時代の象徴として社会に強烈なイメージを残してしまう。建築家らは発注者の要請に真摯に応え、役割を果たしただけであったが、社会は建築家の傍若無人なふるまいと解釈した。落ち込む経済状況のもとで、アトリエ派はふたたび追い込まれることになる。

一九九五年以後——グローバル化と情報化／表層派VS深層派

バブル崩壊後、停滞する日本を阪神・淡路大震災が襲う。世界情勢は一九八九年の冷戦終結、一九九二年のヨーロッパ連合条約調印を受けて大きく再編が始まり、経済のグローバル化とともに大都市への資本の集中が始まっているところであった。国際的な都市間競争はますます激しくなり、開発はますます巨大化するようになる。不動産の証券化によって投資サイドは発注者に一層のリスク管理を求め、他方

表2——二〇〇〇年以後における東京における主な巨大開発とその設計者

プロジェクト名		デザイン・アーキテクト	設計・監理
電通ビル	二〇〇三	ジャン・ヌーベル、ジョン・ジャーディ	大林組
六本木ヒルズ	二〇〇三	KPF、ジョン・ジャーディ、隈研吾	入江三宅建築設計事務所ほか
東京ミッドタウン	二〇〇七	SOM、隈研吾、青木淳、坂倉事務所	日建設計
新丸の内ビル	二〇〇七	マイケル・ホプキンス	三菱地所設計

で成熟した消費者たちは差異を求める。

結果、発注者は建築を、ファサードやエントランスなどの表層部分と、その他の深層部分を分離するようになる[表2]。かつて丹下健三を本社ビルの設計者に起用した電通は、表層にジャン・ヌーベルを、深層に大林組を起用した[fig.14]。小泉内閣の「都市再生」プロジェクトの目玉のひとつとして二〇〇七年にオープンした「東京ミッドタウン」[fig.15]では「マスター・アーキテクト」としてアメリカ最大級の組織設計事務所である「SOM」を、「コア・アーキテクト」として日本最大級の組織設計事務所である「日建設計」を起用し、安藤忠雄、隈研吾、青木淳といった有名建築家は、それぞれ「21_21 DESIGN SIGHT」(安藤)、「サントリー美術館」のインテリア(隈)、住宅棟のファサード(青木)といった部分を担当している。

建築家たちの作品は、桐の薄い板をアルミパイプに貼付け、桐の縦格子を表現した隈研吾(「サントリー美術館」）といい、穴開きブロックでスクリーンを制作した内藤廣（「とらや」）といい、枕木と黒皮鉄板で荒々しい壁面を表現した杉本貴志（「無印良品」）といい、それぞれの作品は創意工夫に満ち、情報空間の対比において魅力的ではあるが、その創作の領域は「ダイノックシートなど（塩ビシート）のかわりにいかに自然素材を用いたか」という点でほぼ一致しており、極めて限定的である。

グローバル化によって巨大化したプロジェクト群は、一九七〇年代の超高層を超える高度な技術を求める一方、意匠的な多様性を求め、結果として芸術派と構造派が役割分担しひとつの建築で同居すると

fig.14

fig.15

fig.14——ジャン・ヌーベル／大林組「電通ビル」（二〇〇二）｜撮影＝Wiiii｜fig.15——SOM／日建設計「東京ミッドタウン」（二〇〇七）｜撮影＝Kakidai

いう、かつてない関係で統合されることになった。表層を担当する建築家は「デザイン・アーキテクト」という呼び名で呼ばれることとなり、手続きは設計監理者ではなく「デザイン監修」という立場となる。プロジェクトは組織事務所が統括するが、企業がPRする際にはデザイン・アーキテクトの名前が前面に出るという関係が生じ、その意味で外部の目につく表層のデザイナーと見えない深層のアーキテクトの対比はより強いものとなっている。

東日本大震災——表層の時代の強制終了

一九九五年以後の建築家たちが表層の実験に邁進し、建築メディアもそれを追いかけるうちに、建築家の活躍するベースはかなり限定されていく。ロバート・ヴェンチューリは「自分たちはさんざん商業主義を論じていたけれども、結局自分たちに発注する企業はほとんど現れず、大学か美術館ばかり」と嘆いたが、同様の事態が日本の建築家にも起きようとしている。藤本壮介の「武蔵野美術大学図書館」(二〇一〇)[fig.16]や「サーペンタイン・ギャラリー」(二〇一三)、石上純也の「KAIT工房」(二〇〇八)[fig.17]や「Architecture as Air」(二〇一〇)など、この時代の実験的な作品群はいずれも美術館や大学の内部で実現したものである。

　これには一九九〇年代後半から二〇〇〇年代にかけての日本の特殊事情も関連している。日本では一九九五年に「東京都現代美術館」がオープンしたことをはじめとして、ついで「森美術館」(二〇〇二)、「金沢21世紀美術館」(二〇〇四)、「青森県立美術館」(二〇〇六)など現代美術を専門に扱う美術館が立て続けに竣工し、現代美術館で行う巨大なインスタレーションがブームになった。建築家はもともと空間を使う能力にすぐれ、プロジェクトのマネージメント能力が高く、構造等のエンジニアとの協働にも長けていると

fig.16

fig.17

fig.16 ——藤本壮介「武蔵野美術大学図書館」 撮影=Park

fig.17 ——石上純也「KAIT工房」 撮影=Masashige MOTOE

いうことでキュレータから信頼され、数多く起用されたのである。

このように建築が二層構造化し、活動の範囲を限定されたアーティストとしての建築家の役割が固定されつつあった二〇一一年、日本は東日本大震災を迎える。国内では既に二〇〇五年を境に人口が増加から減少へと転じ、少子高齢化が深刻な問題となっていたが、震災によって社会の少ない資本をどう再配分するかという政治的な課題が一気に表面化し、建築もそうした政治的なやりとりにふたたび大きく巻き込まれるようになった。

それらの社会的な課題に比べると、一九九五年以後の若手建築家たちが取り組んできたミリ単位の鉄板の厚みを競うような高い解像度の表現は、これまでにないオリジナルな表現を生むことに成功したが、社会的にはいかにも表層的な試みに映ってしまう。

二〇一〇年のヴェネチア・ビエンナーレに出展した石上純也は、〇・九ミリのカーボンファイバーを用いたインスタレーション「Architecture as Air」を発表した。石上はこの極細の構造を引っ張りではなく、圧縮材として用い、ほとんどかすかにしか見えないという驚くべき建築を立ち上げてみせた。立ち上がってからわずか三時間で崩壊したというアクシデントが報じられたが、作品の独創性は高く評価され、金獅子賞(最優秀賞)を受賞する。ただ今思えば、あの崩壊は建築における表層の実験の行く末を予告していた。表層派の多様な試みを、東日本大震災が強制終了してしまったのである。

協働者、全体像、ボトムアップ、アーキテクチャの時代

東日本大震災はいくつかの点でふたたび意匠の立場を変化させる契機となった。まず第一に巨大開発の表層と深層の分担に象徴されるような、専門分化の進展である。一九九五年以後の情報化によって設計段階での構造や環境のシミュレーションも本格化し、例えばオフィスや店舗のインテリアデザインであれば通常のインテリアデザインのほかに、家具デザイン、照明デザイン、ファサード(外装)エンジニアリング、サインシステム、ITシステムなどの分担が行われることもある。グローバル化は世界を飛び回るグローバル・アーキテクトと法規、市場環境、慣習、気候等さまざまな条件の違いに対応するローカル・アーキテクトの二層構造を生み、国内においても地方都市の公共施設等では地元の設計事務所と東京の設計事務所が組む例が増えた。そうした状況下では協働者の数も、調整しなければならない問題の数も飛躍的に増加し、意匠の役割は権限を集約した強力なリーダーというよりは、コーディネーターとしての役割が求められる。

第二に、日本に特に顕著な問題として、成長・拡大社会から成熟・縮小社会への変化である。一九六〇年代にはその後の五〇年で人口が二倍に増加すると予測されていたが、終戦後、増加の一途をたどったわが国の人口は、二〇〇〇年代前半をピークに減少に転じ、これからの五〇年で人口が半分になると言われ、さらに生産人口の大幅な減少によって超高齢化社会を迎えると言われている。一九六〇年代には

人口拡大への対処と同時に、農業国から工業国への転換という目標が重なっていた。現在は縮小への対処と、工業国から観光・福祉立国への転換、そして新たな市場を求めた海外進出という目標が重なり、ふたたびグローバルな視野で国土レベル、構造レベルの戦略や全体像を示す、ヴィジョナリストとしての役割が求められている。

第三に、第二の問題と連動して、社会の成熟化に伴いニーズが多様化したことによる、ボトムアップ型の意思決定の一般化である。都市計画においても一九九〇年代末に都市計画法の改正が行われ、地方分権が推し進められた結果、国の定めた標準を各地で適用するトップダウン型の計画から、ユーザーの参加を促し、集約された意見をもとにボトムアップ型で行う意思決定へとそのあり方を変化させた。縮小への対処と、工業国から観光・福祉国への転換を図るなかでは、市民や行政組織の参加意識の醸成を図り、気運を盛り上げつつ合意を調達するようなファシリテータとしての役割が求められる。

このように、今日の建築家には、[1]協働者が多く、[2]全体像が求められ、しかも[3]それらはボトムアップ型のプロセスで導かれなければならない、という特徴があり、コーディネーターで、ヴィジョナリストで、かつファシリテータであるというような役割が求められる。

かつて磯崎らが一九六一年に『現代建築愚作論』で論じた頃は、建築家に、[1]マスプロダクションに対応し、[2]大規模化に対応し、[3]たくさんの作品を生み出す、というように総じて「量」をめぐる対応を求めていたのに対し、今日の建築家には人々のコミュニケーションの下部構造である「アーキテクチャ」をめぐる対応が求められていると言えるだろう。

「孵化過程」(一九六二)/「海市」(一九九七)——炎上から集合知へ

情報化時代の人々のコミュニケーションの下部構造に関する試みとして思い出されるのは一九九七年に開催された展覧会「海市——もうひとつのユートピア」(NTTインターコミュニケーション・センター)であろう。会期中の同年四月から七月にかけ、一二組の作家が一週間ずつ模型制作を担当する企画「ヴィジターズ」で磯崎は「連歌」をコンセプトに掲げ、複数の設計者が時系列的にひとつの模型を引き継いでいくというルールを課した[fig.18]。これは都市設計をメタファとしたモデルで、実際の都市空間においても、前世代の成果としての都市形態を引き取って何らかのアイディアを足し、次世代に引き継いでいくように、模型制作の作業を引き継がなくてはならない。都市は建築と異なり、躯体ごと消去し、更新することは難しく、常に目の前に残置された構造がある。それゆえに建築とは異なる重層性があるのだが、ここでは「模型を受け継ぐ」というルールのもとにそうした重層性や多様性を再現できるかという狙いが含まれていた[註10]。

この展示は磯崎が一九六二年に企画した、東京の航空写真が貼付けられたベニアの板に来場者が釘を打ち、針金を結びつけるインスタレーション「孵化過程」のコンセプトを発展させたものでもあると言える。「孵化過程」は次第に観客の針金と釘がつくる造形がエスカレートし、形態のコントロールが不可能であることをむしろ浮かび上がらせた[fig.19]。「海市」もまた、実際には後からやってきた設計者が、前の設計者のアイディアを受け継いで発展させたと言うよりは、次第に前のアイディアを破壊し、全面的に書き換える破壊のパフォーマンスとなり、破壊を繰り返した挙げ句に、ついに物理的な模型は形を消し、空洞だけが会場に残される事態となった[fig.20]。

他方で情報システムの分野では、高度な計算機能によって人間の脳の働きを模倣する人工知能の研究に代わり、独立した貢献者たちの集合によって新たな結論を生成する、いわゆる「集合知」を扱う技術が発達した。検索エンジンのグーグルは「人は面白いと思ったページにリンクを貼る」という人の習性を取り込み、「より多くのリンクを貼られるページを上位とする」という単純なルールを用いたページランクシステムを採用していることが知られている。

アメリカの評論家ハワード・ラインゴールドはモバイル機器を身につけた個人どうしが協調して大きな力を発揮する新しい社会秩序の可能性を提唱した[註11]が、アメリカの憲法学者キャス・サンスティーンが『インターネットは民主主義の敵か』で論じたように同じ意見が結びつきやすく、ネット上での偏った情報の伝送により一部の群衆が極性化する「サイバーカスケード」という現象も頻繁に報告されるようになった結果、官僚組織や企業はこうした極性化した群衆に注意を払わざるを得ない時代となった。

今日の建築家に求められるひとつの資質は、そうした情報化された新しい群衆の動きを注意深く把握した上で、大量設計や集団設計の手法を的確に組み合わせ、合意形成を図っていく手腕であろう。

fig.18
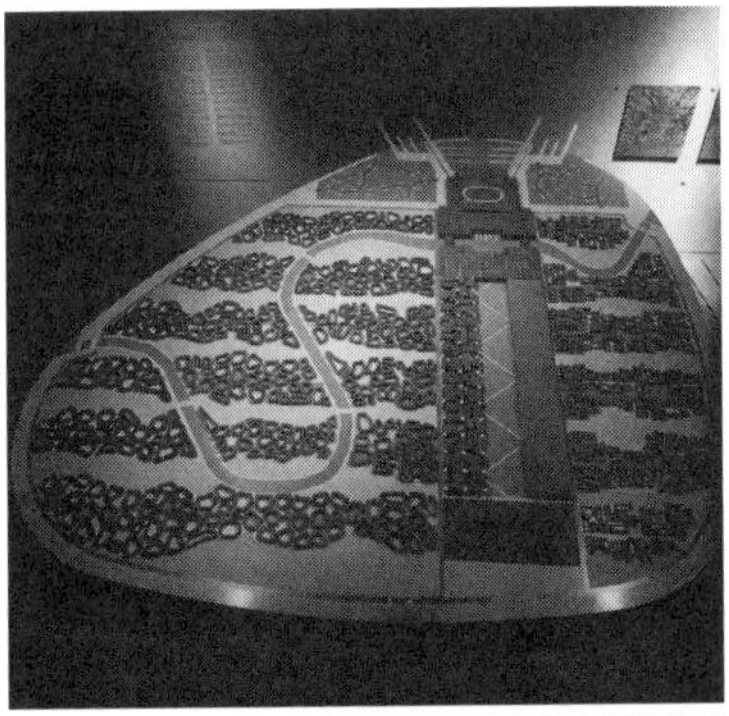

fig.19

fig.20

fig.18——プロトタイプの初期モデル｜出典＝磯崎新（監修）『海市——もうひとつのユートピア』（NTT出版、一九九八）

fig.19——孵化過程（二〇一〇年再演）｜撮影＝藤村龍至建築設計事務所

fig.20——ヴィジターズ（入江経一）｜出典＝磯崎新（監修）『海市——もうひとつのユートピア』（NTT出版、一九九八）

今日的な前衛のあり方——ソーシャル・アーキテクトとマスター・アーキテクト

今日の建築家像は、従来のアトリエ／組織という設計組織の規模の対立軸に加え、一九九五年以後、グローバル／ドメスティックという空間の対立軸が加わったことで、四つのイメージに分けられつつある［表3］。佐野利器の時代の構造派と芸術派以来、エンジニアに対してアーティストが対比され、アーティストやアトリエ派が「前衛」と呼ばれ、エンジニアや組織派が「後衛」と呼ばれてきたが、今日では両者はロールモデルとしては既に安定した存在である。オリジナリティが評価されるアーティスト・アーキテクトのトップグループは、海外を中心に文化施設の設計に飛び回り、技術力が評価されるエンジニア・アーキテクトは国内を中心により技術的に困難な耐震改修にかかわっていくのがひとつの典型的なロールモデルとなるだろう。

かわって今日的な前衛の姿を示すのは、国内で政治的な利害を調停しながら建築を実現する「ソーシャル・アーキテクト」と、今後増えるだろうと予想される、海外へ向けてインフラ輸出をリードする「マスター・アーキテクト」の存在ではないだろうか。前者には今後の人口減少社会のなかでインフラ総量の最適化という社会的な課題を背景に、ワークショップや公聴会、展覧会等メディア的な仕掛けを組み合わせて世論を醸成する役割が、後者には日本がこれまで培ってきた建築技術の集大成として、六本木ヒルズ、ミッドタウン、渋谷ヒカリエ、丸ビルのような、地下鉄に直接接続したエントランスを持ち、商業施設の上に文化施設が載り、その上にオフィスタワーが載って一二〇〇%から一五〇〇%もの容積率を持つような駅直結の大型複合再開発に代表される日本型巨大建築のノウハウを日本独自の技術としてグローバルシティに売り込んでいくような役割が、それぞれ期待されるだろう[表3]。

表3——今日の建築家像

	表層	深層
グローバル	アーティスト 文化施設	マスター・アーキテクト インフラ輸出
ドメスティック	ソーシャル・アーキテクト ワークショップ	エンジニア 耐震改修

手法X＝集合知

以上より、冒頭で紹介した磯崎の日本における時代区分と建築家のあり方は、次のように上書きすることができる。

一九二〇年――モダニズムの始まり（「計画」の始まり）

芸術派vs構造派の時代

一九四五年――ヒロシマ・ナガサキに原爆投下（「計画」の本格的な始まり）

デラックス派vsマスプロ派の時代

一九七〇年――大阪万博（「計画」の終わり／「投機」の始まり）

アトリエ派vs組織派の時代

一九九五年――情報ネットワークの成立、阪神・淡路大震災（「投機」の本格的な始まり／「X」の始まり）

表層派vs深層派の時代

二〇二〇年――東京オリンピック二〇二〇（「投機」の終わり／「X」の本格的な始まり）

ドメスティック・ソーシャル派vsグローバル・マスター派の時代

―

一九九五年以後に現れた新しい権力の主体について磯崎は明言を避けているが、それは恐らく「群衆」であると考えられる。磯崎のいう「手法X」は、ソーシャル・ネットワークを駆使し新たな結論を作り上げる「集合知」が最も近いイメージになると結論づけることができるのではないだろうか。グーグルやウィキペディアのように情報ネットワークを用いるものと、ワークショップのようにリアルな人間関係のネットワークを用いるものがあるが、両者を目的に応じて適切なスケールで効果的に用い、結論としてプロジェクトを引き出すことができることが「超都市」のアーキテクトの条件となる。

時代区分	都市類型	権力	手法
一九二〇—一九四五—一九七〇	都市	「官僚」組織	「計画」
一九七〇—一九九五—二〇二〇	大都市	自由経済「市場」	「投機」
一九九五—二〇二〇—二〇四五	超都市	電脳「ネットワーク」	「集合知」

これまで見てきたように、一九九五年の阪神・淡路大震災、二〇一一年の東日本大震災は「超都市」の時代の本格的な始まりを知らせる出来事として後々振り返られるものになり、新しい手法X＝集合知による建築表現は二〇二〇年代にそのピークを迎えるだろう。新しい世代の建築家に求められる課題は、集合知的設計手法の実験と改良への探求である。そしてそのプロセスで示される新しい建築の型こそが、次世代に残る歴史的作品の基盤となるだろう。

註

1——磯崎新『ユートピアはどこへ——社会的制度としての建築家(磯崎新建築論集 第6巻)』岩波書店、二〇一三。
2——中谷礼仁『国学・明治・建築家——近代「日本国」建築の系譜をめぐって』波乗社、一九九三。
3——八田利也『現代建築愚作論』彰国社、一九六一(復刻版、二〇一一)。
4——RIA住宅の会『疾風のごとく駆け抜けたRIAの住宅づくり——1953-69』彰国社、二〇一三。
5——八束はじめ『メタボリズム・ネクサス』オーム社、二〇一一。
6——保坂正康『田中角栄の昭和』朝日新聞出版、二〇一〇。
7——前掲書。八束、二〇一一。
8——神代雄一郎「巨大建築に抗議する」、『新建築(一九七四年九月号)』新建築社、一九七四。
9——林昌二「その社会が建築を創る」、『新建築(一九七五年四月号)』新建築社、一九七五。
10——二川幸夫・編『日本の現代建築を考える○と×[1]』エーディーエー・エディタ・トーキョー、一九九八。
11——ハワード・ラインゴールド『スマートモブズ——〝群がる〟モバイル族の挑戦』公文俊平・会津泉訳、NTT出版、二〇〇三。

［第3章］批判的工学主義——新しい設計組織をめざして

Chapter 3

工学主義

―

これまでみてきたように、今日の建築がベースとする空間は情報空間と物理空間に引き裂かれ、建築家の役割は工学と社会のみが結びついているとされ、意匠が孤立している。今日、批評的な建築のあり方はＩＫＥＡのように情報空間と物理空間の関係を統合する建築であり、批評的な建築家のあり方はかつての丹下健三のように、意匠、工学、社会を一貫させる建築家であるとすると、そのような建築／建築家はいかにあり得るだろうか。

意匠、工学、社会のうち、ここではまず「工学」を軸に問題を捉え直してみよう。一九九五年以後の時代を「動物の時代」と名付けた東浩紀は、社会的インフラの整備による技術依存が進む私たちの社会環境の変化を「工学化」と呼び、整備された環境のもとで演出された多様性と戯れる消費者像の変化を「動物化」と呼んでいる[註1]。

「工学化」した社会では人々のふるまいを規定する法規、消費者の好み、コスト、技術的条件などを記録したデータベースが発達し、建築の形態を大きく決定しており、タワーマンションや高速道路は半ば自動的に設計される。多くの空間では郊外型の大型ショッピングモールやＩＫＥＡのように視覚的な多様性は演出されてはいるが、人々の行為が建築の形態によってそれとなくコントロールされている。

ここではまず次のように高度に技術依存している今日の建築を「工学主義的建築」と名付け、建築形態との関係から、ひとまず次のように位置づけたい。

〈工学主義的建築〉

[1] 建築の形態はデータベース(法規、消費者の好み、コスト、技術的条件)に従って自動的に設計される
[2] 人々のふるまいは建築の形態によって即物的にコントロールされる
[3] 建築はデータベースと人々のふるまいの間に位置づけられる

批判的工学主義

「工学主義」は、建築家にどのような態度決定を迫るだろうか。二〇世紀初頭に起こった工業化に機能主義が対応するように、「情報化」に「工学主義」が対応すると考え、パラフレーズしてみよう。

二〇世紀初頭の工業化によって誘発された建築家像を振り返ってみると、そこには大きく三つの選択肢があった[表1]。

まず、工業化を肯定し、その原理である「機能主義」を無批判に適用する第一の立場である。これを仮に「単純な機能主義」と名付けてみよう。大量に設計するために標準化された工場や労働者住宅、学校や病院などの施設などがそれに当たる。

第二の立場は、それを否定し、抵抗する「反機能主義」なるカウンター的な立場である。機械による大量生産を否定し、手工業による少量生産の価値を訴えたウィリアム・モリスによる「アーツ・アンド・クラフツ運動」がその例である。

そして第三の立場は、「機能主義」を新しい社会の原理として受け入れ、分析的、戦略的に再構成し、二〇世紀の新しい建築運動として提示したヴァルター・グロピウスや、ル・コルビュジエらの反応である。一般的には「モダニズム（近代主義）」と呼ばれるこの立場をここでは「批判的機能主義」と呼んでみよう。

これらの三つの立場を「情報化」に適用して現状を整理すると、まず考えられる第一の立場は「工学主義」を肯定し、その原理である「工学主義」を無批判に適用する第一の立場である。今日では深層派がこれに相当する。

第二の立場は、それを否定し、抵抗する「反工学主義」なるカウンター的な立場である。今日では表層派がこれに相当する。

そして第三の立場は、「工学主義」を新しい社会の原理として受け入れ、分析的、戦略的に再構成し、二一世紀の新しい建築運動として提示する「批判的工学主義」なる立場である［註2］。「工学主義」を無批判に肯定するのでも、ただ抵抗するのでもなく、新しい建築運動として提示する。その主体は、アトリエ化した組織もしくは、組織化したアトリエのような、新しい設計組織像を提示すると考えられる。

表1——社会の変化と建築家の対応

社会の変化	**イデオロギー**	**社会の一般的反応**	**抵抗運動**	**乗り越え運動**
		主流的立場	反主流的立場	批判的立場
一九二〇年代以降 工業化	機能主義	単純な機能主義 工場、労働者住宅 学校、病院等	反機能主義 アーツ・アンド・クラフツ運動 ウィリアム・モリス等	批判的機能主義 モダニズム ヴァルター・グロピウス ル・コルビュジエ等
一九七〇年代以降 情報化	工学主義	単純な工学主義 深層派 組織設計事務所 ゼネコン設計部	反工学主義 表層派 アトリエ事務所	批判的工学主義 新しい設計組織

ヴェンチューリ、OMA、MVRDV

工学化した社会は、これまでも社会の観察に意欲的な建築家の手によって対象化されてきた。彼らは独自の視点でそこで起きている建築的現象に注目し、それぞれの方法でリサーチを行うことで、自身の建築論へと接続しようとしてきた。

アメリカ人建築家ロバート・ヴェンチューリとデニス・スコット・ブラウンは、一九六〇年代から一九七〇年代にかけて、ラスベガスとそこで発達したロードサイド型建築をリサーチした『ラスベガスから学ぶこと』を発表し、建築本体よりも巨大なビルボードが圧倒的に人々に働きかけている状況を指摘した[fig.1]。そして、それらをヨーロッパの大聖堂の立面と広場の関係と比較(ややアイロニカルに)したうえで、視覚的な伝達作用を強調した建築のデザインへと応用しようとした。

また一九二〇年代のマンハッタンの不動産開発をリサーチした『錯乱のニューヨーク』を発表したレム・コールハースは、アスレチッククラブとオイスターバーとオフィス、というように異なる用途が無関係に積層している超高層ビルの状況を取り上げ、「ラ・ヴィレット公園コンペ案」(前述四二頁)等に応用しようとした。一九九〇年代に入るとコールハースは、設計組織OMAとともにリサーチ組織AMOを組織し、世界中の商業施設における建築的試みを扱った『SHOPPING』や、中国の珠江デルタ地帯、アフリカのラゴスといった急成長する都市を扱った『MUTATIONS』などのリサーチ・プロジェクトを発表した。そこでは大量のデジカメ写真とともにダイヤグラムを用いて問題を視覚化した。その手法は中国中央電視台（「CCTV」）や

fig.1 ——ラスベガスとそこで発達したロードサイド型建築のリサーチ｜出典＝Robert Venturi, *Learning from Las Vegas*, MIT Press, 1972

fig.2 ——ダイヤグラムが直接置き換えられた円環構造を持つ超高層：OMA「CCTV」
出典＝El Croquis 131/132 OMA Rem Koolhaas［1］1996-2006, El Croquis, 2006

fig.3 ——エンジニアとの協働が生んだ新しい郊外の風景：MVRDV「FLIGHT FORUM」（1997-2005）
出典＝『a+u 2002年11月臨時増刊号 MVRDV FILES Projects 002-209』（新建築社、二〇〇二）

fig.1

fig.2

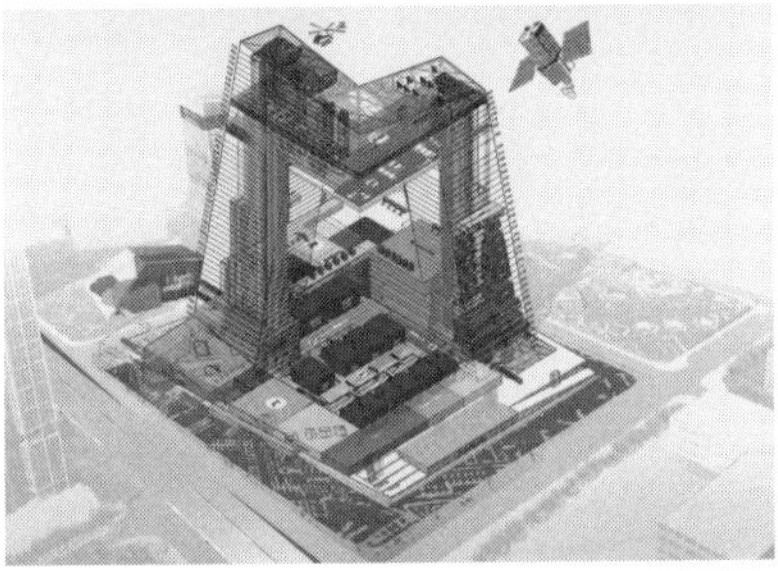

fig.3

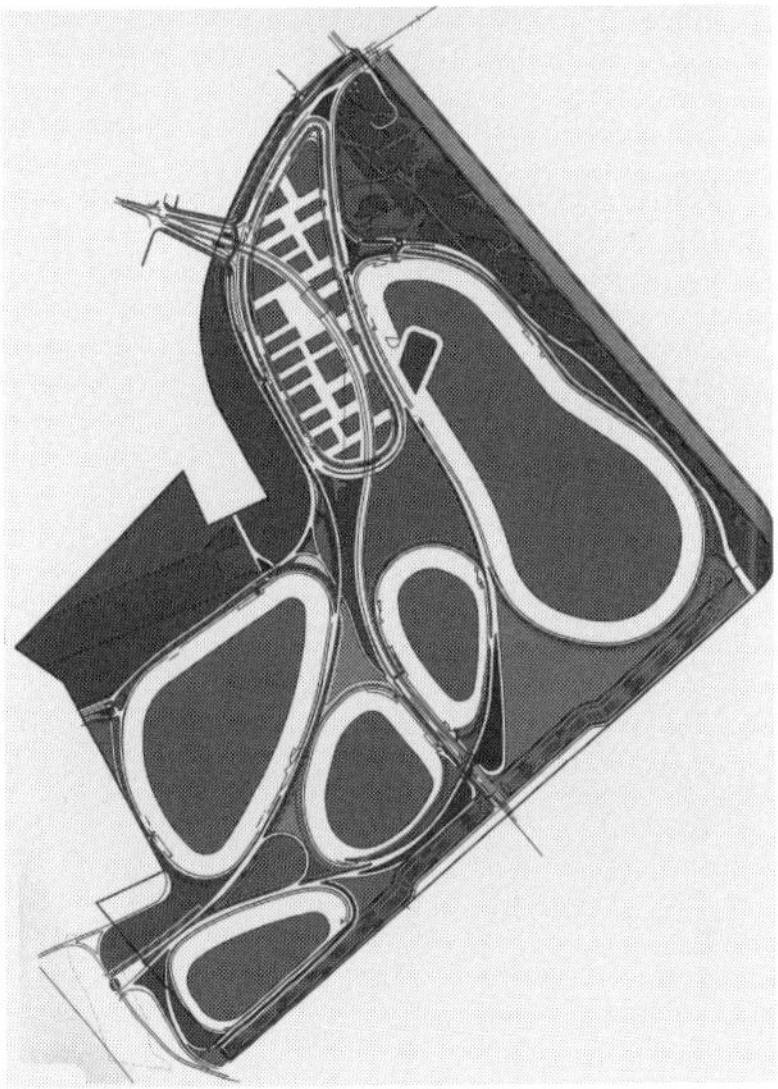

「シアトル・パブリック・ライブラリー」(前述四六頁)などの大型プロジェクトの設計に応用され、複雑なプログラムをまずダイヤグラムに置き換え、その形式をそのまま用いて建築の形態に置き換えることで、リサーチとデザインをダイレクトに架橋しようとしている[fig.2]。

さらに、同じオランダ人建築家でOMA出身の建築家を含む三人組の建築家ユニットMVRDVは、コールハースと同じく一九九〇年代のオランダの好景気の波に乗りつつ、不動産デベロッパーをクライアントに多数のプロジェクトを発表した。彼らは、データを視覚化することによって問題を抽出し、建築の前提条件に介入することによって風景を再構成しようとする「データスケープ」という方法論を提示した。

オランダのアイントホーフェン郊外に計画された物流倉庫群とオフィスビル等からなる「FLIGHT FORUM」では、「メインストリート沿いは賃料が高い」という不動産的慣習に従いつつ、土木エンジニアと協働してすべての街路を時速五〇キロで走行可能なカーブで描き、ネットワーク状に接続することでメインストリート化し、全体の賃料を上昇させるという試みが行われている[fig3]。その結果、対向車とのすれ違いや信号がなく、歩行者が安全に移動できる豊かな外部空間と、駐車場とカーブが一体となった新たな郊外の風景が生まれている。

非作家的作家性／非場所的場所性

—

その対象と方法を比較すると、権力が環境化し、人間の知覚し得ない領域（社会工学、人間工学）へ移行する社会的な変化と対応するかのように、世代を下るごとにビルボードやタワーのような表層の「見えるもの」から、データのような深層の「見えないもの」へと操作の対象が移行していることがわかる。

また、彼らのリサーチ行為と設計行為の関係に注目すると、ヴェンチューリは街並みを「対称性」「対立性」などの形式言語を用いて分析し、「看板」「窓」などの慣習的な要素によって再構成するという抽象的な方法を採るのに対し、MVRDVの「データスケープ」は、データで示された量やそれらの関係を論理的手続きに従ってそのまま建築の大きさや配列に直訳することで、コンテクストの情報と建築の形態が直接的な関係として提示されている。

このようなリサーチとデザインを直接的に架橋することで建築の前提条件に介入する工学的なアプローチは、作家と場所の新たなあり方を示す。データベースに無批判に従う単純工学主義とも、個人的な信念のうちに引きこもる反工学主義とも異なり、社会的状況を建築的形式のレベルで批判的に再構成する「非作家的作家性」というべき作家性を引き出し、新しい設計組織像を描く。

また同じアプローチによって、場所の均質化を無批判に受け入れる単純工学主義とも、その反動による単純な地域主義や歴史主義に引きこもる反工学主義とも異なり、場所の状況を建築的形式のレベルで批判的に再構成する「非場所的場所性」というべき場所性を引き出し、都市と農村の間に広がる茫漠とした郊外都市や、郊外化した都市を再生する新しい都市像を描く。

現代では、グローバルとローカル、量と質が常に対比されている。グローバルなものには質がなく、ローカルなものは量が得られないと考えられている。「批判的工学主義」は、そのような不毛な対立を乗り越える方法論を示すため、ここに提唱される。

伝統や公共性といった大きな物語を失い、新たなる空間の生成原理が世界の風景を変えようとしている今、建築家は状況を単純に肯定する、あるいは否定するだけに留まるのではなく、建築が伝統的に抱いてきたスケール、ヴォリューム、形式といった建築的思考をふたたび召還し、自律的な応答を促すことによって、新たな日常と格闘し、その先に新たなる公共性を獲得することができる。それは建築家の職能を超え、広く社会に問いかけるものとなるだろう。

註

1――東浩紀・大澤真幸『自由を考える――9・11以降の現代思想』NHK出版、二〇〇三。

2――「批判的工学主義」は、建築家の藤村龍至、柄沢祐輔、および社会学者の南後由和によって提唱されている。その基礎的な内容は二〇〇七年七月一五日に東京大学にて行われた国際会議 UMAT（Ubiquitous Media Asian Transformations）のセッション「一九九五年以後の日本の都市・建築――情報化する風景の批判的分析」（発表者：藤村・柄沢・南後、コメンテーター：五十嵐太郎・若林幹夫）にて最初に報告され、『思想地図 vol.3』（NHK出版、二〇〇九）、『10＋1 No.49 特集（現代建築・都市問答集32）』（INAX出版、二〇〇七）等に論考が掲載されている。

Chapter 4

［第4章］超線形設計プロセス論——切断から履歴保存へ

現代における究極の建築――「ジャンク・スペース」VS「ワッツ・タワー」

批判的工学主義を実現する設計方法論とはいかなるものだろうか。ここでは、量やスピードが要求される現代の建築のあり方と設計作業の関係を考えてみたい。

レム・コールハースは都市の近代化の過程で生み出された、安価な素材で構成され、自然や歴史を模しているが特に記憶に残らない建築群を、宇宙ゴミ(スペース・ジャンク)をもじって「ジャンク・スペース(ゴミ空間)」と呼んだ[fig.1][註1]。

そのあり方は設計作業のあり方とも大きく関係がある。量とスピードを求める工学主義的状況下では、設計作業を合理化するため意匠担当、構造担当、内装担当、と作業がモジュール(分業)化され、モジュールを超えてコミュニケーションを図って相互にフィードバックさせるよりは、それぞれを独立させて干渉しないように全体を組み立てようとする。結果として成果物はひとつの秩序のもとに統合されるというよりは外観は外観、インテリアはインテリア、構造は構造、というようにそれぞれの論理を貫徹し、場当たり的な対処を重ねたようなものとなり、表層的で均質なもの(=ゴミ)になる。

ロサンゼルス郊外のスラム街に建つ「ワッツ・タワー」は、「ジャンク・スペース」をうつす鏡となる建築である。一九二一年、日雇いの左官職人であるサイモン・ロディア(一八七九―一九六五)が突然セルフビルドで塔の建設を始め、以後三〇年以上をかけて独力で建設を続けた［註2］。鉄筋とセメントで組まれた塔は一四本あり、表面にゴミ捨て場から拾ってきたビンやタイルの破片がちりばめられていることから、ガウディの作品を想起させることもあり、現代のガウディと評されることもある［fig.2］。ロディアは一九五四年に塔の建設

fig.1

fig.2

fig.1――究極の現代建築［1］ジャンク・スペース（ラスベガス）｜撮影＝ju5ti｜fig.2――究極の現代建築［2］ワッツ・タワー（ロサンゼルス）｜撮影＝Thuresson

を終え、移住してしまう。ロサンゼルス市は不許可建築物として取り壊そうとしたが、映画関係者や美術関係者、建築家らによる反対運動により保存が決定し、一九九〇年にはアメリカ国定歴史的建造物に指定された。

社会のニーズに応え、徹底的な分業により量やスピードを実現した結果、ゴミのような空間を大量に生み出す「ジャンク・スペース」と、ゴミを材料とし、他者とのコミュニケーションはなく、プロジェクトとしての応用可能性もない完全に個人的な営為であっても歴史的作品となってしまう「ワッツ・タワー」は、ともに現代における究極の建築である。両者のあり方は、そのどちらでもない立場をめざす「批判的工学主義」にとって定点となる。効率性を求めてモジュール化に徹するのでもなく、固有性を求めて個人的な営為とするのでもない、新たな集団創作の方法はいかにすれば可能だろうか。

—

モデル［1］漸進型進化——分析から入る（「ネクサスワールド」）

コールハースは、設計プロセスに関して、興味深いふたつのモデルを示している。ひとつは福岡市郊外の開発地に建つ「ネクサスワールド レム・コールハース棟」（一九九一）である。「ネクサスワールド」は福岡市郊外の敷地に建設された集合住宅群で、磯崎新がコーディネートを行い、スティーブン・ホール、石山修武、レム・コールハース、マーク・マック、クリスチャン・ド・ポルザンパルク、オスカー・トゥスケの六組の建築家を招き、それぞれの建築家の設計による集合住宅が建設されたものである[fig.3]。

竣工後、コールハースはこの建築の説明をする際に、他の建築家がするような「コンセプト」や「メタファ」についての説明のかわりに「設計過程」だけを短いキャプションとともに淡々と綴っている[註3]。

―

fig.3

fig.4
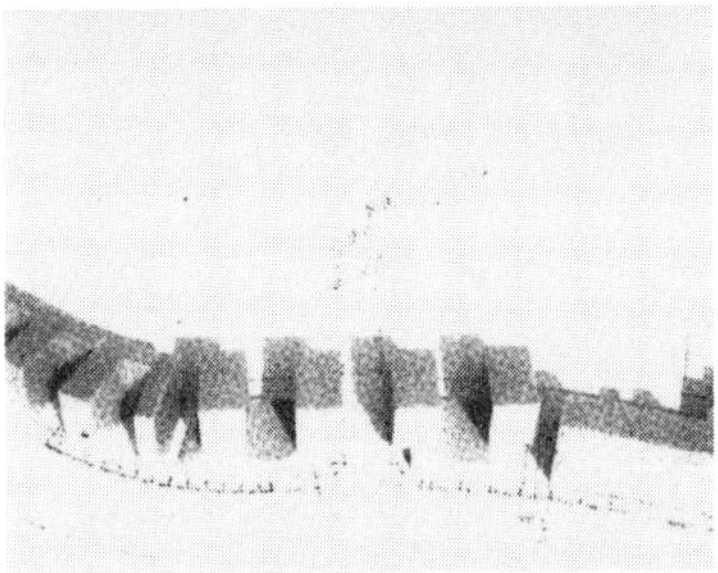

fig.5
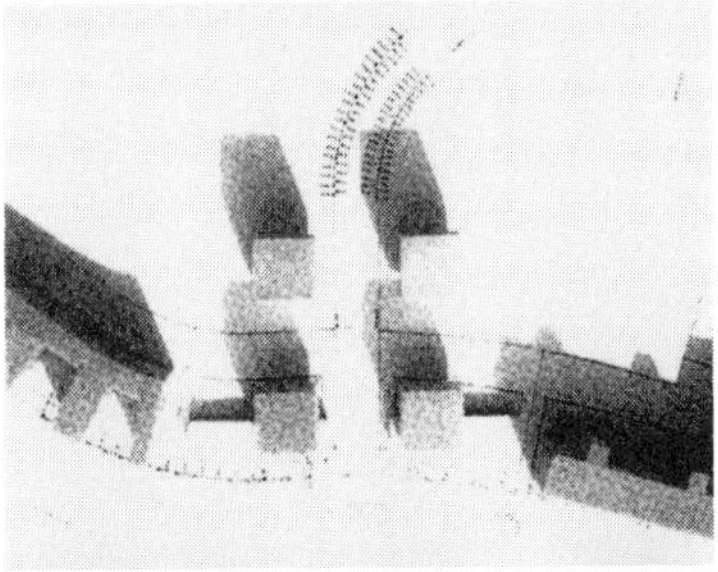

fig.6
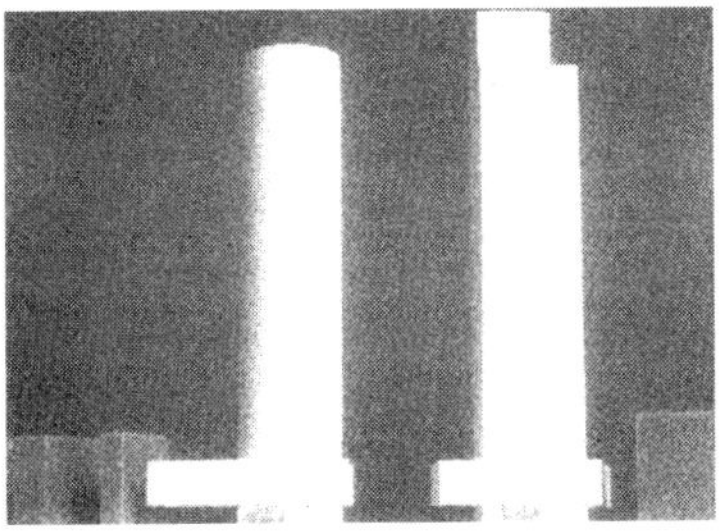

fig.3――レム・コールハース「ネクサスワールド レム・コールハース棟」(一九九一) 撮影=Mikkail kim
fig.4-6――ネクサスワールドの設計プロセス 出典=『SD一九九一年七月号』(鹿島出版会、一九九一)

［1］「道路に分断されたふたつの角地を選択した」

［2］「ふたつの角地にいかなる建築的秩序をもたらすか、が最初の出発点となった」［fig.4］

［3］「四角いボリュームを四つ置いてみる」［fig.5］

［4］「北側隣接地にタワーが計画されていることを知り、南側に寄せて高密度な住居群とする」

［5］「石垣のような意匠を纏い、タワーの足下に並ぶソックル（礎石）となる」［fig.6］

—

コールハースはまず、他の建築家が選ぼうとしなかった道路によってふたつに分断された角地の敷地に興味を示したという［1］。そして「ふたつの角地にいかなる建築的秩序をもたらすか」を検討し始め［2］、四角いボリュームを等間隔に並べることからスタートし［3］、北側隣接地に磯崎によるタワーマンションが計画されていることを途中で知り［4］、タワーマンションから見えないように目隠しとなる屋根が取り付けられたコートハウス型の集合住宅を提案し、集合住宅の基壇（＝礎石）として再定義した［5］。

与えられた条件をよく観察し、一見凡庸にも見えるような単調な反応を淡々と積み重ねつつ、徐々に物語を引き出し、最後は自身の『錯乱のニューヨーク』で言及していた、「マンハッタン」のストーリーにさりげなく接続する。設計プロセスを時系列に沿った判断の連なりとして淡々と説明する姿勢からは、敷地やプログラム、プロジェクトを取り巻く政治的状況の違いがあればそれだけで十分なのだ、と割り切っているようなドライな印象も受けるが、そのまま終わるわけではなく、最後には「マンハッタン」のストーリーの一部として語ることで自分の土俵に持ち込む。かといって最初から「マンハッタン」の語りを決め打ちするわけでもない。静かに始まって途中で徐々に飛躍が重ねられていくイメージである。

このような、時系列に沿った連続的な判断の連なりをもとにイメージを膨らませていく設計プロセスのモデルをここでは「漸進的進化モデル」とひとまず名付けておこう。

モデル[2] 飛躍的進化──かたちから入る(「カーサ・ダ・ムジカ」)

もうひとつのモデルは、ポルトガル第二の都市ポルトに竣工したコンサートホール「カーサ・ダ・ムジカ」(二〇〇五)の設計プロセスである。「カーサ・ダ・ムジカ」はポルトがヨーロッパの「文化首都」に指定されたことから企画された音楽施設で、ポルトの中心市街地から西側に伸びる都市軸の円形広場に面する敷地である[fig.7]。

コールハースは、ラゴスの調査等でコンペに取り組む十分な時間が取れず、実質三週間で案を提出しなければならなかったという。そこでコールハースらは、もともとロッテルダム郊外に計画され未完に終わった住宅「Y2K」(一九九九)の模型を拡大し、コンペの条件に適用したところ、当選してしまったという事実を報告している[fig.8-9]。

一般的に建築の設計案に添えられる「設計趣旨」は、実際には別の検討により設定された形態が先にあり、あとから説明が加えられたものだとしても、与件の分析のもとに形態が与えられたかのように説明がなされるのが一般的である。ところがここでは、建築のかたちがスタディの積み重ねによってではなく、他の計画の流用によって唐突に与えられていることが包み隠されることなく明かされている[註4]。

かたちとコンテクストの関係を説明するストーリーさえ見つかればいい、と割り切っているようなドライな印象を受けるが、広場に面した敷地との関係やシューボックス型のコンサートホールというプログラムの分析、四本のコアシャフトを用いた建設プロセスの提案等、コンペの応募案として満たされるべき事柄に対するさまざまな説明が加えられると、むしろそれらがとてもよく馴染んでいるように感じられる。

このような時系列を伴わない、非連続的な判断によって説明される設計プロセスのモデルをここでは「飛躍的進化モデル」とひとまず名付けておこう。

分析から入るか、かたちから入るか

このようにコールハースの両作品には、分析から入るか、かたちから入るかという建築家の作業内容と作家性の内実を暴き出すかのような対照的かつ極端な設計プロセスの両極が提示されている。

数学をベースにデザイン・プロセスを論理的に明らかにしようとしたクリストファー・アレグザンダー（一九三六―）は、デザイン行為を「かたちとコンテクストの不整合misfitを取り除くこと」と定義した［註5］。コールハースが「ネクサスワールド」で分析から入っていると言っても、その分析はかたちによって行なわれている。かたちをとりあえず置いてみて、違和感を言葉にし、不整合な点を明らかにした上で次の案にフィードバックしている。決して言葉で分析を行ないどこかで唐突にかたちを与えているわけではない。

あるいは「カーサ・ダ・ムジカ」のかたちも、拡大して置いてみたらコンテクストとの不整合が少なかった、

fig.7

fig.8

fig.9
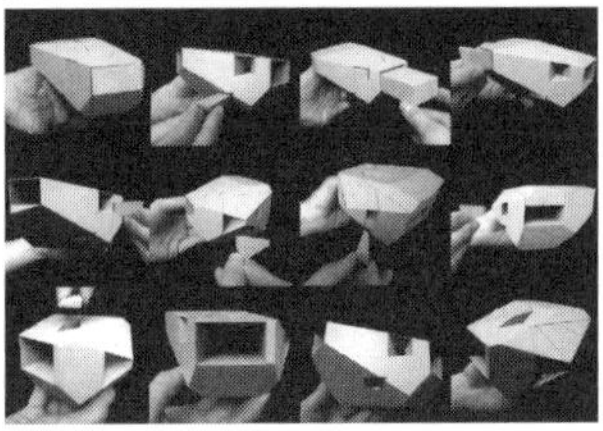

fig.7――レム・コールハース「カーサ・ダ・ムジカ」（二〇〇五）
撮影＝Dziczka

fig.8――レム・コールハース「Y2K」（住宅）
出典＝『El Croquis 134-135: OMA+Rem Koolhaas 1996-2007: v.II』（El Croquis, 2007）

fig.9――「カーサ・ダ・ムジカ」のスタディ模型
出典＝『El Croquis 134-135: OMA+Rem Koolhaas 1996-2007: v.II』（El Croquis, 2007）

あるいはさまざまな検討から不整合を取り除くことが可能であったから採用が可能であったというだけの話であり、もし決定的な不整合があったら設計案として成立させることは不可能であろう。

かたちは分析的に与えても唐突に与えてもよい——ただし、不整合さえ取り除かれていれば。コールハースがそうであるように、同じ建築家が状況に応じて異なるアプローチを採ることも珍しいことではない。問題は創造的な集団制作の方法として、これらの作業をどのように再現し、共有するかである。

模型

ここでは両者のアプローチに模型が重要な役割を果たしていることに注目したい。「ネクサスワールド」の敷地の周辺には軸線を向けるべき象徴的な何かも、地域性を表すような特徴的な素材もない。あるのは「向かい合った角地である」ということと、「計画中のタワーの足下である」ということくらいの、つまらない制約条件でしかない。

ところが、コールハースは敷地と建築形態の関係を模型によってチェックし、その判断の結果を建築の形態に素早く置き換え、それを繰り返すことによって複雑な建築の形態を生成していく。プロダクトデザインの領域でアイディアを模型に置き換える作業をラピッド・プロトタイピングと呼ぶが、コールハースはいわば模型によるラピッド・プロトタイピングとその反復によって、取るに足らない条件群をひとつずつ独特な建築のかたちに転換し、蓄積しているのである。

「カーサ・ダ・ムジカ」における「飛躍的な進化」もまた、模型の持つ「スケール」という性質を利用したものである。通常、模型は内部空間を検討する際は五〇分の一か一〇〇分の一、都市スケールで周辺環境との関係を検討する際は五〇〇分の一や一〇〇〇分の一、というように縮尺を慎重に選択して制作される。しかしここでは、あえて縮尺を間違えることで、住宅用につくられた模型をホール用のそれに読み替えてしまった。

もちろんそれは三週間という限られた設計期間で計画案を提出しなければならないという、時間的な制約が生んだものだが、建築デザインの現場では「たまたま上下を反転して敷地に置いてみたら」「たまたま回転させてみたら」敷地にぴったりと収まった案に遭遇することもある。

このように見てくると、コールハースが行なっていることは単なる分析でも単なる思いつきでもなく、ラピッド・プロトタイピングやスケールの横断など、模型というツールの特徴を活かしたきわめて建築的なスタディであると言えるのではないだろうか。

丹下研究室での集団設計

模型をプレゼンテーションのためではなく、設計案のプロトタイピングのために用いた集団設計の例として、丹下健三の「国立代々木競技場」(一九六四)が挙げられる[fig.10]。この頃丹下研究室で行われていた設計のスタイルは、丹下本人がスケッチを描いたり、図面を引いたり、模型を制作することはほとんどなく、東京大学の丹下研究室、丹下の事務所であるＵＲＴＥＣのスタッフ、建築構造研究者の坪井善勝の研究室の学生らが集まって、集団で設計を行なっていたという[註6]。スタッフや学生らが集まって案出しが繰り返され、ときには構造を担当する坪井研究室の学生も加わることがあった。

丹下の役割は、そうして集められた大量の案をもとに、次の方向を決めていくことであった。設計事務所における建築家は、規模が大きくなればなるほど、大きなレストランの調理場における料理長のごとく、自らは料理をせず、全体をディレクションする役割に徹することが多い。丹下はそうした集団作業を設計の方法論のなかに組み込み、独自の方法を確立したのである。

その独自の方法とは、まずスタッフ全員で方向を決めずにあらゆる可能性に対して大量の案を作成し、丹下のディレクションによってそれらの案を比較し、次第に方向を絞り込んでいく方法である。そうしたプロセスで、大空間を覆う吊り構造の屋根、空調システム、建築と一体となった外構の計画など、高度なエンジニアリングが引き出され、重ね合わされて、意匠、構造、設備が一体となった建築が生み出された。丹下が最初から最終形をイメージしていたわけではなく、さまざまな検討項目が出されるなかで小さな判断を積み上げて次第に最終形が生み出されたのである。

丹下の役割はどちらかというとファシリテータであったと推察される。模型はこうした集団設計のためのコミュニケーションの媒体として機能した。模型を囲むことによって設計チーム全体で全体像が把握しやすくなり、所内のコミュニケーションを劇場化する効果があったのではないだろうか。

SANAAの集団設計

模型を用いた丹下流の集団設計のスタイルを受け継いでいるチームのひとつが妹島和世と西沢立衛のユ

fig.10

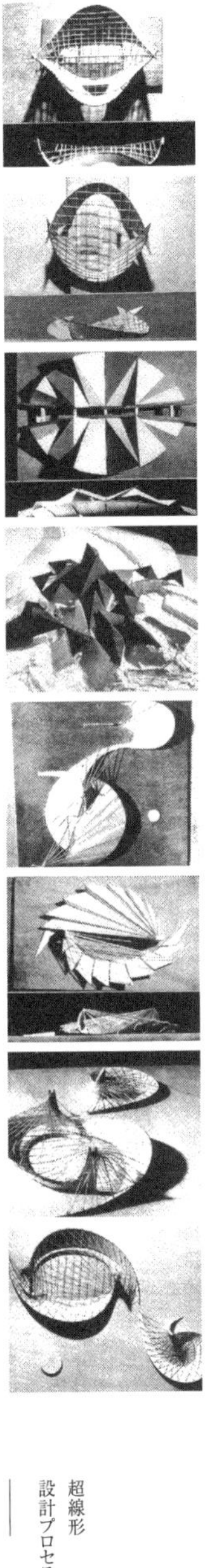

fig.10——丹下健三「国立代々木競技場」(一九六四)スタディ模型｜出典＝丹下健三・藤森照信『丹下健三』(新建築社、二〇〇二)

ニット、SANAAである。妹島らは、建築設計におけるCAD(コンピュータによる作図)の導入という技術的な変化を受けて、住宅一軒に対しても一〇〇個以上の模型を制作するという創作スタイルを打ち出す。

日本では一九九〇年代初頭のバブル崩壊後、合理化を進めるために製図のCADが導入された。CADが導入されるとデータの複製コストが下がる。手描き図面であれば毎回ゼロから描き直しをしなければならないが、CADならば複製保存が容易なためヴァージョンごとにファイルを作成し、ヴァージョン管理することも容易である。

妹島らの事務所において丹下のような生成淘汰型の設計プロセスが行なわれ始めたのは、製薬会社の社員のための家であり、寮でもあり、研修所でもある「再春館製薬女子寮」(一九九一)の設計がきっかけであったという[註7]。わかりやすい定型がなく、規模も大きかったため、ゴールイメージを定めることができず、彼らはとにかく可能性を検証しつくそうと無数の案を出し、比較する検討方法が始まった。

同プロジェクトが入選し、展示された展覧会「SDレビュー」では、諸機能の配置パターンが可能な限り描き出され、そこからひとつの案を選択していくスタディプロセスがプレゼンテーションされ、審査委員長の原広司がその明晰なプレゼンテーションを高く評価した[fig.11]。

「金沢21世紀美術館」の基本設計が行なわれていた一九九九年頃には、事務所のスタッフが全員で案出しを行ない、妹島と西沢がディレクションをするという現在の丹下システムに近いものが完成したという。

その設計プロセスには［1］スタッフが無数の案を出し、可能性の広がりを見極める段階、［2］それらからひとつの方向へ絞り込み、他人から見たらほとんど違いがわからないような無数の比較をする段階、［3］さらにディテールの検討などで案を成熟させる段階の三段階があるという［fig.12］［註8］。

fig.11
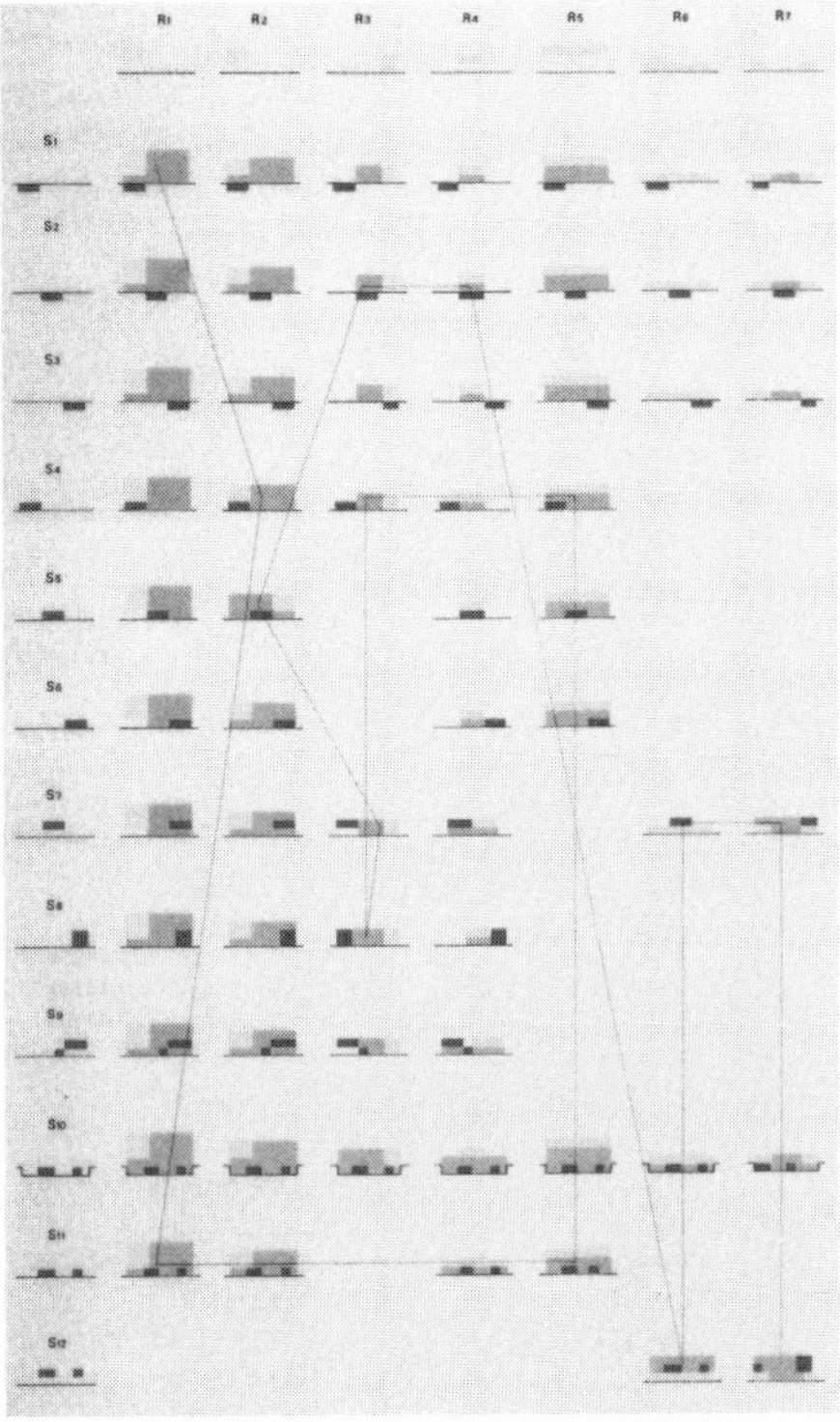

fig.12
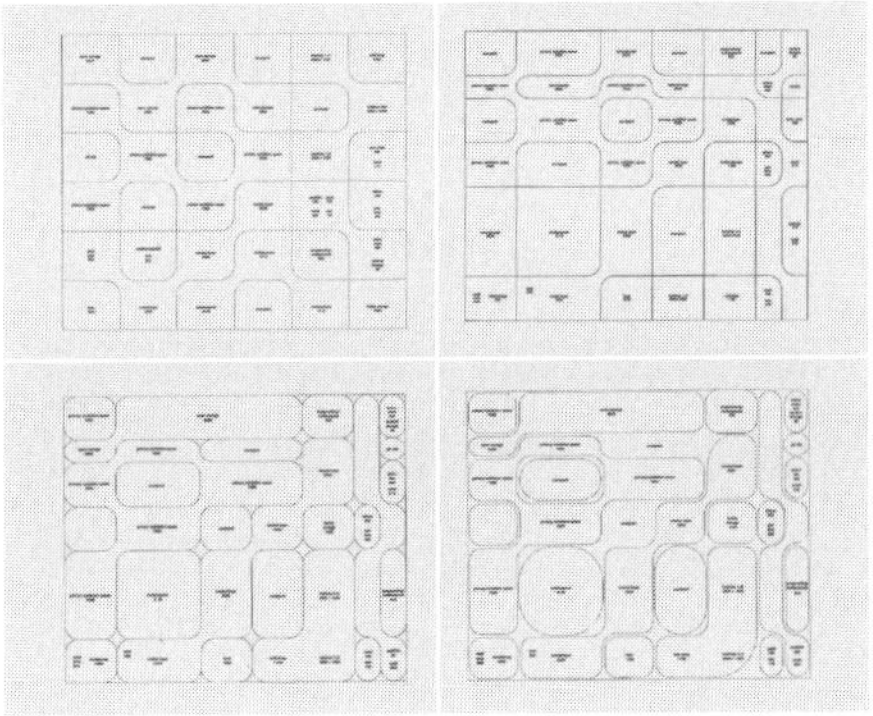

fig.11 ―― 妹島和世「再春館製薬女子寮」においてあり得る要素の配列とその選択結果を表したダイヤグラム｜出典＝『SD』一九九〇年一二月号（鹿島出版会、一九九〇）
fig.12 ―― 「トレド美術館」のプランの検討（SANAA）｜出典＝『Kazuyo Sejima+Ryue Nishizawa / SANAA Works 1995-2003』（TOTO出版、二〇〇三）

「超線形」という第三のモデル

丹下／SANAAシステムは、大量の案を生成し、それらを評価しつつ淘汰するというプロセスを反復させていく点に共通点がある。ただし、こうしたシステムを採用するには大量の案を展開できる——設計期間が十分に長いか、大勢のスタッフがいるという条件がある。丹下にせよSANAAにせよ、かつては大勢の学生ボランティアを集め、徹夜を繰り返して全員で案出しを行なっていたことが知られているが、やや特殊な環境であると言わざるを得ない。

そこでここでは、設計モデルにおける「漸進的進化」と「飛躍的進化」をハイブリッドさせる第三の方法論を提示したい。具体的には時系列に沿った小さな意思決定をもとに、複数案を分岐させるのではなく、途中でキャンセルをするものでもなく、フィードバックを繰り返しながら漸進的な設計案の更新を行い、それを大量反復して飛躍を得るような方法論である。

ここで重要な役割を果たすのが、模型である。一般的に建築の検討用模型は、いくつかの段階を経て、

fig.13 ——魚の発生過程｜提供＝Courtesy of Koji Fujimura and Norihiko Okada, "Development of the embryo, larva and early juvenile of Nile tilapia Oreochromis niloticus (Pisces: Cichlidae). Developmental staging system", Development, Growth and Differentiation, Volume 49 Issue 4, May 2007, Japanese Society of Developmental Biologists.

fig.13

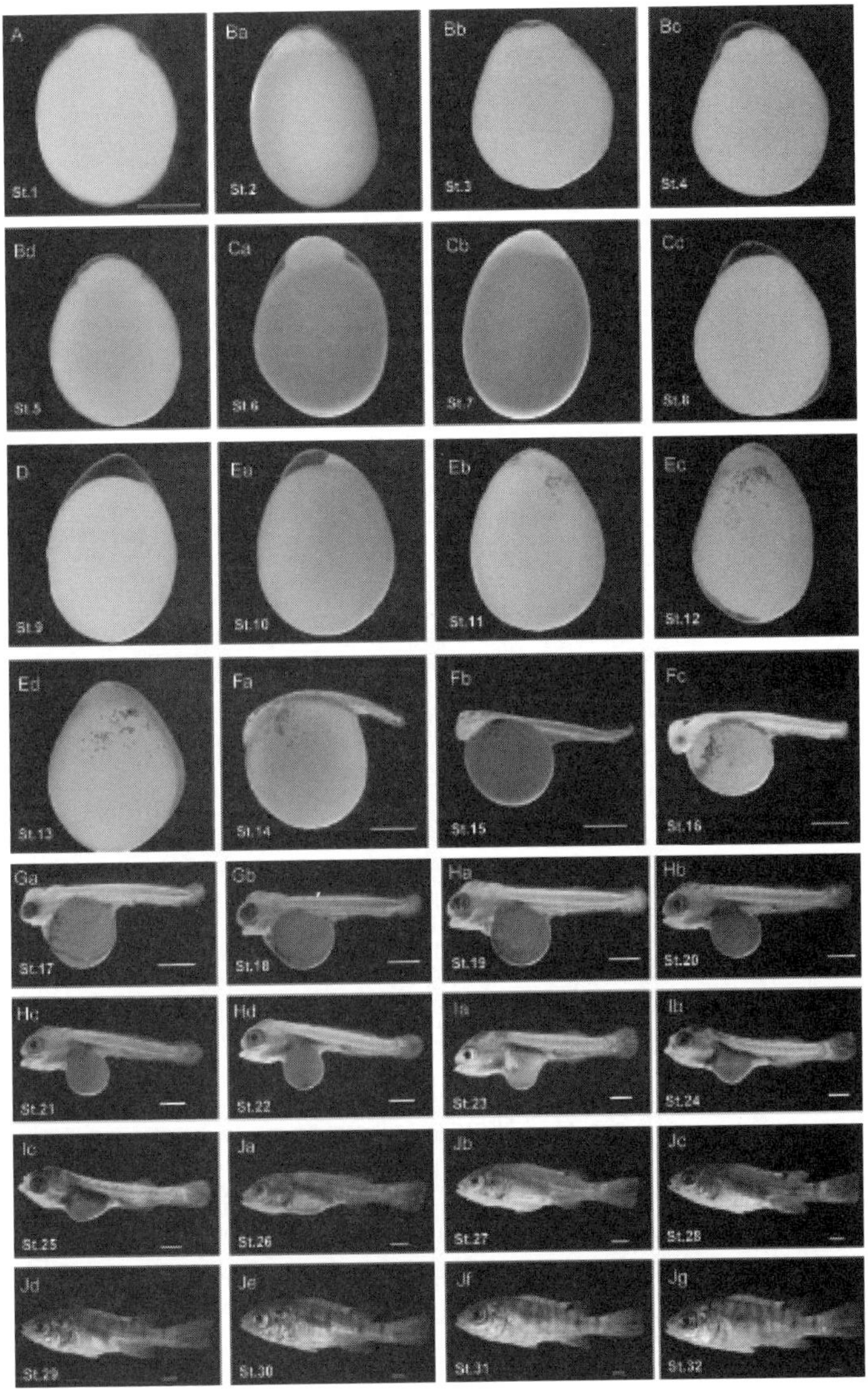
A
St.1
Ba
St.2
Bb
St.3
Bc
St.4
Bd
St.5
Ca
St.6
Cb
St.7
Cc
St.8
D
St.9
Ea
St.10
Eb
St.11
Ec
St.12
Ed
St.13
Fa
St.14
Fb
St.15
Fc
St.16
Ga
St.17
Gb
St.18
Ha
St.19
Hb
St.20
Hc
St.21
Hd
St.22
Ia
St.23
Ib
St.24
Ic
St.25
Ja
St.26
Jb
St.27
Jc
St.28
Jd
St.29
Je
St.30
Jf
St.31
Jg
St.32

ある程度案が変化したら確認のために制作する、という場合が多いが、ここでは「検討案を変更するたびに必ず」模型を制作し、保存する。また検討案を更新するときには、改善するポイントは一カ所に絞る。そして案の単純な更新を反復し、更新する度に差分ファイルのように模型を残す。その際に案は複数検討せず、単一の案のみに絞る。また、途中でリセットしてまったく別の案を検討することをせず、一環した進化のストーリーを重視し、設計の手続きの事後的なトレース可能性を重視する。

こうした条件のもと「ジャンプしない」「枝分かれしない」「後戻りしない」というルールを実行すると、まるで卵から魚が発生していくように設計履歴の全体がひとつの流れとして記録され、建築形態の発生過程が美しく可視化される[fig.13]。設計の履歴が可視化されることでチーム内での情報共有がしやすくなり、設計過程で入れ替わったり、新規に加わったりしたメンバーにも意図を伝えやすく、また教育的効果もある。専門家の経験によって暗黙的な知を、誰にでも理解・応用可能な形式的な知へと転換することができるこの方法は「批判的工学主義」の考え方に照らしてもふさわしい。

この方法を超線形——文字通り線形的な進化を徹底反復して線形を超え、非線形的な進化に到達するという意味で「超線形設計プロセス論」と呼ぶことにしたい。

一〇坪のショップの設計──「SHOP U」(二〇〇五)

具体例を示そう。一〇坪ほどのテーブルウェア・ショップ「SHOP U(UTSUWA)」(二〇〇五)の設計プロセスは、オーナーも初めての出店だったので、特定の仕様の想定はなく、区画と予算以外はゼロからのスタートであった[fig.14]。まず、棚の奥行きとして想定される寸法(三〇〇ミリ)と通路の幅(六〇〇ミリ)だけが反映されたごく単純な形態からスタートした(001)。

001案の模型を見ると、中央に寸法の余ったようながらんとしたスペースがみられる。通常であればそこにテーブルなどを並べそうであるが、あまり広くないスペースにテーブルを並べてしまうと自由な回遊を邪魔してしまうし、「見通しが良すぎるとお客様が入りづらい」とのコメントもあった。いくつか棚で空間を仕切る案も検討したが、このスケールで空間を分割するとカウンターから目が届かない場所ができ、入店してきたお客様に声をかけづらくなる。

そこでここではワンルームを基本としつつ、左右の棚から突起を出すことにした(009)。棚板はまず横板だけを想定していたが、しばらくいろいろな突起のリズムを試した(010-013)後で、横板を支える縦板を入れてみると(014)、カーブ半径が小さすぎると尖ったように見えてよくないということと、縦板の位置とカーブのピークを揃えたほうが美しい、ということに気がつき、カーブの波長とグリッドのスパンを揃えることにした(015)。

その後はカーブの緩急やグリッドの大きさ、入り口から見たときのカーブの重なりなど、模型でひとつひとつ確認しながら、「コーナーが独立している感じがあるほうがよい」「オーナーは横を向いているほうがお客様と自然に距離が取りやすい」などの使い勝手や、「コーナーを絞りすぎると貧相に見える」「絞る感じと膨らんだような感じのリズムをとる」などかたちの印象を決めてしまう箇所について指摘を重ね徐々にルールを加えていって、最終案に至った(023)。

わずか一〇坪のショップの設計であったが、店舗のオーナーと共に単純な判断を繰り返し、その履歴を保存しつつ設計条件を形態にフィードバックしていく協働作業の経験は実に充実していた。気づきをひとつずつかたちに置き換えて判断をすることで、設計者もオーナーも最初は気がつかなかったような詳細な条件に至るまで隈無く拾うことができ、当初の想像を超えたユニークな形態が短い設計期間の間に生まれることとなった。

開店後、小さなショップではあるが、想定を遥かに超える売り上げを記録した。「滞在時間が長ければ長いほど売り上げが伸びる」という物販店の鉄則に対して、カーブの連なりは広くないスペースに自然

fig.14 ——「SHOP U」の設計プロセス(001-023)

fig.14

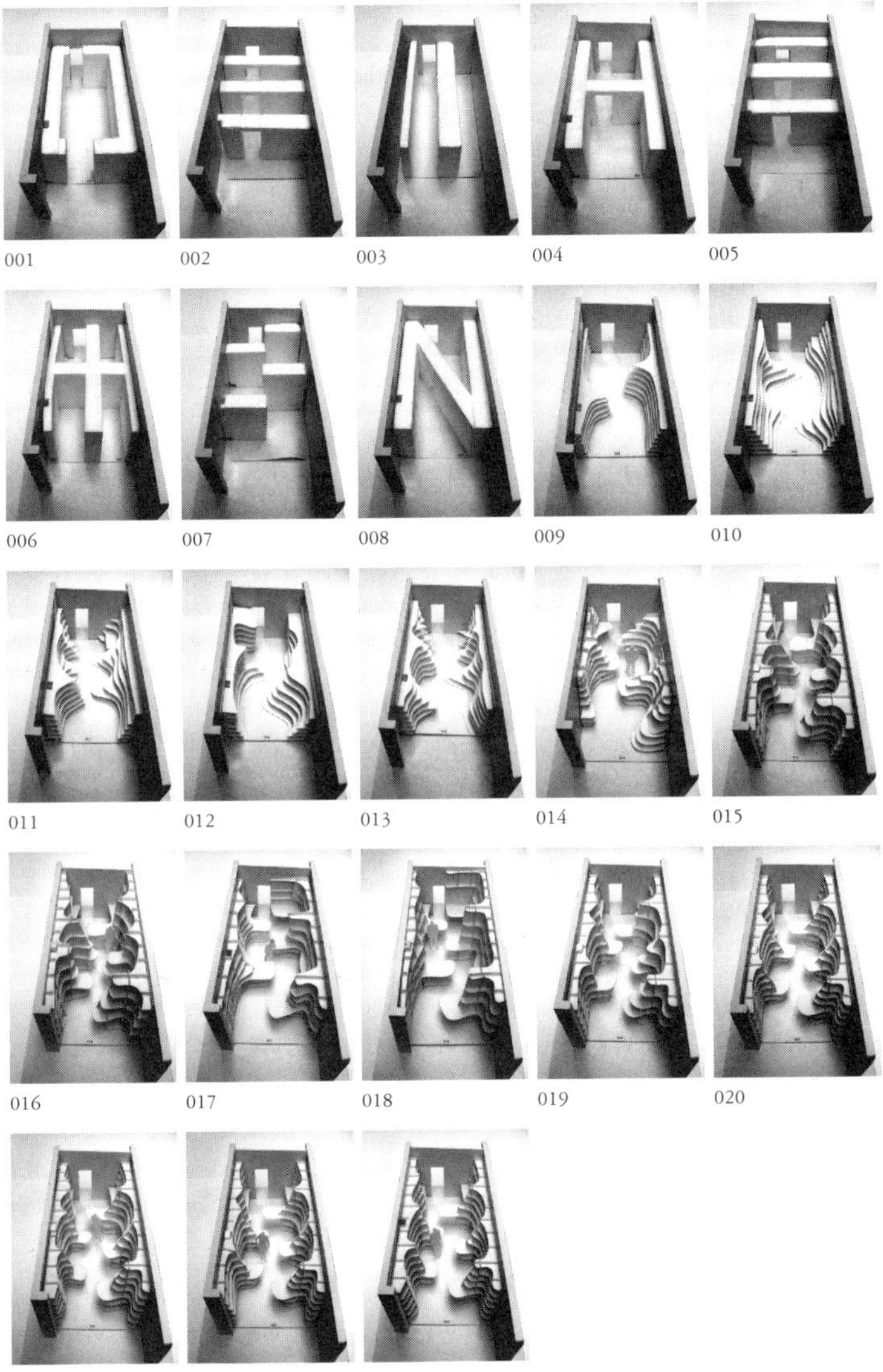

001 002 003 004 005 006 007 008 009 010 011 012 013 014 015 016 017 018 019 020 021 022 023

と距離を生む。そのため長居がしやすく、三時間も滞在する人もいるという。また、蛇行する棚のかたちは特価品から和食器、洋食器、高級品と徐々に奥に引き込んでいく効果がある。

一般的にはインテリアデザインは色や素材など仕上げのレベルで、何かのイメージを作るものだと思われているが、本質的にはそのような表層的なイメージ作りよりも、人にどう気楽に入ってもらい、どう自由に動いてもらい、どう長く滞在してもらうかというアーキテクチャレベルでのデザインが重要である。「SHOP U」はオーナーに「売り方」の明確な方針があり、かつイメージに囚われず、十分な対話の時間があったため、とてもストレートで本質的なインテリアデザインのあり方を示すことができた[fig.15]。

四〇〇坪の複合ビルの設計──「BUILDING K」(二〇〇八)

「SHOP U」で手応えを感じた私たちは、より規模が大きく、機能も複雑な複合ビル「BUILDING K」(二〇〇八)[fig.16]の設計プロセスでもまた、同様の手法を応用することにした[fig.17]。東京郊外の駅前商店街の一角の密集市街地に位置する、店舗と二五戸の共同住宅からなる六階建ての複合ビルの、設計依頼時の条件は「税金対策をするために確実な賃料収入をあげること」というもので、それ以外にはあまり具体的な与件はなかった。床面積を全部店舗にするのか、賃貸住宅とするのか、ワンルーム主体とす

fig.15

fig.16

fig.15 ——「SHOP U」｜撮影＝鳥村鋼一｜fig.16 ——「BUILDING K」｜撮影＝鳥村鋼一

るのか、ファミリータイプとするのかなど、企画設計はこれからであった。　設計はまず、必要な面積（四〇〇坪）だけによって定義された単純な形態からスタートした（001）。

まず前面道路の狭さと厳しい通行規制が課題となった。周辺にいくつもビルを施工した経験のある地元業者によれば、今回の敷地では小型のタンクローリー車しか入れず、通行できる時間帯も限られているため、今回想定されている階あたりの床面積のコンクリートを打設しようとすると施工費が大幅に上昇してしまうという。ただし鉄骨造であれば部材の大きさを考慮すれば搬入が可能であるという。そこで早々に構造を鉄骨造にすると決め、検討を重ねることにした（003）。

次に市場ニーズと賃料収入、返済計画などを検討する企画設計が始まった。一階部分の賃料が高いことから一階部分を最大化することとし（005）、加えて三階以上は店舗として成功させるのは難しいという判断をもとに、住宅とすることになり、ごく単純な羊羹《ようかん》型プラン（平面を南北に細長い短冊状のワンルームに分割する形式）とすると（007）、誰のものでもない屋上が生まれてしまい、あまり快適ではない。そこで最上階のボリュームを分散型とすると屋上が使いやすそうなスケールに分割された（009）が、今度は手前の商店街に対して基壇部分のボリュームに圧迫感があることが気になった。そこで商店街側のボリュームを下げる

fig.17 ——「BUILDING K」の設計プロセス（001-038）

fig.17

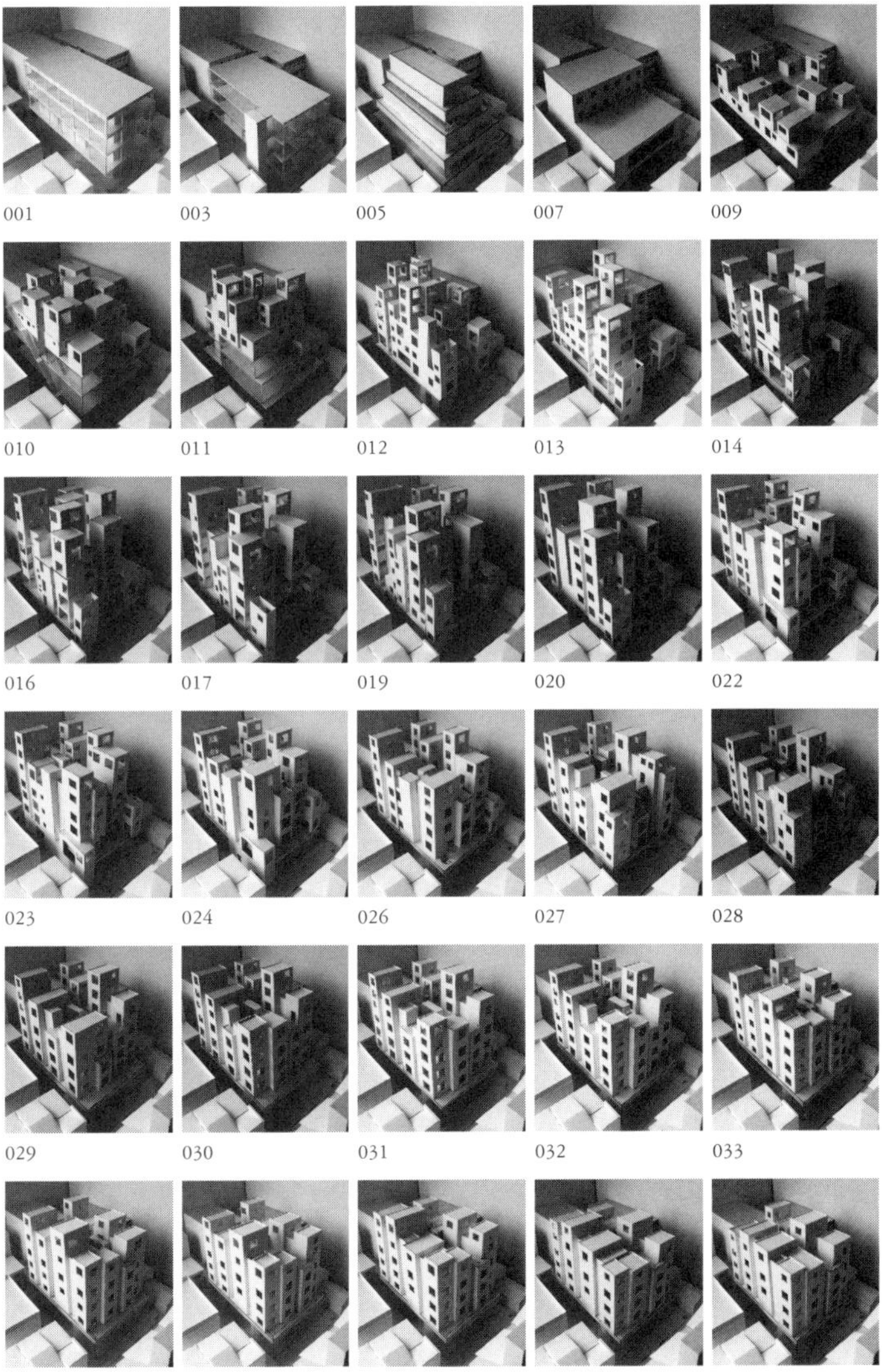

001 003 005 007 009
010 011 012 013 014
016 017 019 020 022
023 024 026 027 028
029 030 031 032 033
034 035 036 037 038

ように調整すると(010)、垂直に上昇するようなイメージができてきたため(011-012)、店舗部分を「基壇」、住宅部分を「垂直のビルの集合」として捉え直すことにした(013-014)。
　このように大きな条件から徐々に細部へ分け入るように設計を進め、やがて設備ルートの確保を検討し(016)、それを前提としてメガストラクチャーの構造形式を採用し(022)、賃料設定と貸室面積の設定や内部のプランニング、避難ルートの確保など現実的な問題への対応を重ね、概ねかたちがまとまった(030)。さらに近隣説明など法的に求められる手続きを経て、高さ等を調整し、最終形へと至った(038)。

検索過程と比較過程

―

「BUILDING K」の設計プロセスでは、実質的に半年ほどの設計期間内に、約三八個の模型が制作され、二二個の設計条件がピックアップされている。模型の段階と対応させてみると[fig.18]、最初は「容積」「外形」など一般的な条件からスタートし、次第に法規、構造、設備、プランニング、部材の寸法など、個別的な条件が増えていく。全体としては、設計条件を段階的にピックアップし、形態に置き換えていく前半のプロセス=「検索過程」(fig.14の001-015、fig.17の001-035)と、設計条件の洗い出しが終わり、パラメータを整理した上で解を比較する後半のプロセス=「比較過程」(fig.14の016-023、fig.17の036-038)に分節されている。

fig.18

形態の境界条件項目／案no.	1	2	3	4	5	6	7	8	9	10	11	12	13	14	15	16	17	18	19	20	21	22	23	24	25	26	27	28	29	30	31	32	33	34	35	36	37	38
1 容積	●	●	●	●	●	●	●	●	●	●	●	●	●	●	●	●	●	●	●	●	●	●	●	●	●	●	●	●	●	●	●	●	●	●	●	●	●	●
2 構造（S造）		●	●	●	●	●	●	●	●	●	●	●	●	●	●	●	●	●	●	●	●	●	●	●	●	●	●	●	●	●	●	●	●	●	●	●	●	●
3 賃料単価の違い（1階を最大）					●	●	●	●	●	●	●	●	●	●	●	●	●	●	●	●	●	●	●	●	●	●	●	●	●	●	●	●	●	●	●	●	●	●
4 用途（2階以上を共同住宅）						●	●	●	●	●	●	●	●	●	●	●	●	●	●	●	●	●	●	●	●	●	●	●	●	●	●	●	●	●	●	●	●	●
5 分散したヴォリューム									●	●	●	●	●	●	●	●	●	●	●	●	●	●	●	●	●	●	●	●	●	●	●	●	●	●	●	●	●	●
6 壁面分割（隣地のスケール）										●	●	●	●	●	●	●	●	●	●	●	●	●	●	●	●	●	●	●	●	●	●	●	●	●	●	●	●	●
7 垂直性の強調											●	●	●	●	●	●	●	●	●	●	●	●	●	●	●	●	●	●	●	●	●	●	●	●	●	●	●	●
8 内部プランニング（法規）													●	●	●	●	●	●	●	●	●	●	●	●	●	●	●	●	●	●	●	●	●	●	●	●	●	●
9 角のラインを通す														●	●	●	●	●	●	●	●	●	●	●	●	●	●	●	●	●	●	●	●	●	●	●	●	●
10 設備シャフト																●	●	●	●	●	●	●	●	●	●	●	●	●	●	●	●	●	●	●	●	●	●	●
11 立面縦スリット（排気口）																			●	●	●	●	●	●	●	●	●	●	●	●	●	●	●	●	●	●	●	●
12 サッシの規格																				●	●	●	●	●	●	●	●	●	●	●	●	●	●	●	●	●	●	●
13 吊構造																						●	●	●	●	●	●	●	●	●	●	●	●	●	●	●	●	●
14 開口のプロポーション																								●	●	●	●	●	●	●	●	●	●	●	●	●	●	●
15 基壇																										●	●	●	●	●	●	●	●	●	●	●	●	●
16 EV位置（最外周から控える）																											●	●	●	●	●	●	●	●	●	●	●	●
17 アスロックのモジュール																												●	●	●	●	●	●	●	●	●	●	●
18 開口のゆらぎをなくす																													●	●	●	●	●	●	●	●	●	●
19 一つのヴォリュームに一列の開口																														●	●	●	●	●	●	●	●	●
20 6階（近隣対策）																																	●	●	●	●	●	●
21 階段位置（ヴォリュームの隙間）																																			●	●	●	●

fig.18 ——決定ルールの項目とその採用プロセス(「BUILDING K」)

このような設計プロセスにおいては、検索過程において設定された設計関数に、比較過程において異なる変数を代入し、複数の解を比較することで、例えば法規、構造、事業収支など、必要な条件を満たしつつ、近隣住民の要望に従って建物の高さを調整する、というように、現実的な対応を柔軟にかつ効率的に行うことができる。

「超線形設計プロセス」によって設計された「BUILDING K」が、通常の片廊下、羊羹型プランの典型的なワンルームマンションに比較して濃密で複雑な設計が行われていることは明白である。空調室外機、給湯器、排気口、吸気口といった設備機器は四カ所ある設備シャフトの内部にまとめられ、露出することはない。また、このシャフトは空調室外機による温風の排出ルートとしても機能するため、バルコニーに設置された空調室外機が手すりの内側でショートサーキットを起こす、という事態もなく効率的である。そして、設備コアは建築の全体を細かく分節し、高円寺の街区のスケールになじませている[fig.19]。さらに設備コアは構造コアも兼ね、メガストラクチャーの一部となっている、というように、形態にいくつもの意味が重ねられている。一般的なビルが単純な箱に事後的に設備機器を付加し続けた結果、街並との調

fig.19——「BUILDING K」(批判的工学主義)と隣に立つマンション(工学主義)|撮影＝鳥村鋼一|fig.20——設備機器に占領された雑居ビル|撮影＝著者
fig.21——生活のための場所として取り戻された「BUILDING K」の屋上|撮影＝鳥村鋼一|fig.22——街並みに溶け込んだ「BUILDING K」の外観|撮影＝鳥村鋼一

fig.19

fig.21

fig.20

fig.22

和を乱し、外壁や屋上が設備機器だらけになってしまうのと対称的に、「BUILDING K」は 屋上や外構が生活のための場所として取り戻されつつ、雑多な街並に溶け込んでいる[fig.20-22]。

批判的工学主義の設計方法論として

このように、設計履歴を残しながら設計条件を建築の形態に段階的に合成していく「超線形設計プロセス」は、[1]設計条件をひとつずつ定義しながら進行するので「周辺環境の固有性を正確に読み込むこと」ができる。[2]各段階の読み込みの差分を履歴として保存し、情報を蓄積していくことができるので「意味を重層化し、複雑で濃密な形態を構築する」ことを可能にする。[3]後戻りがないので「スピードがある」という、三つの特徴を持つ。建築家や施主個人のみならず、構造、設備などの設計パートナーや、施工者、近隣住民、入居者等、プロジェクトにかかわる多くの人々のアイディアを蓄積し、統合することができるので、集団的な想像力をスムーズに構築することができるのである。

一般的には、複雑さとスピードは相容れないものだと考えられている。複雑さを求めれば設計期間も工期も伸び、コストも掛かるから、効率を求める以上、単純化はやむを得ない、と判断されてしまうことも多い。ところが「BUILDING K」では、通常の同規模のビルと同等の一般的な素材を使い、同等の汎用的な工法を使い、同等の設計期間と工事期間によって建設されているにもかかわらず、周辺での実績以下のコストで建築が実現してしまった。

設計履歴を残すことによって専門家の判断を共有可能な情報に変える「超線形設計プロセス」は、特殊なものではなく、建築家の日常的な業務を洗い直し、形式化しただけとも言えるが、スピードと複雑さを両立する。慣習を批判的に実践することで新しい意味を獲得しようとする。その意味で正しく「批判的工学主義」の方法論足りうるのである。

フィジックスとメタフィジックス

二〇〇九年一月二八日に東京工業大学で行われたシンポジウム「アーキテクチャと思考の場所」では、濱野智史によって一九六〇年代に都市デザイナーを名乗っていた磯崎新の想像力と二〇〇〇年代のウェブデザイナーのそれが比較された。また、東浩紀によって「超線形設計プロセス」とクリストファー・アレグザンダーの方法論との類似性が指摘された[註9]。

既存の方法論と「超線形プロセス」の違いは、メタフィジックスとフィジックスの関係を考察することで明らかになる。自ら「都市デザイナー」を名乗っていた磯崎新は、「大分県立図書館」(一九六六)の設計に際して発表した「プロセス・プランニング論」(一九六三)において、建築の計画概念を、[1]あらかじめ欠損を内包し、順次それを埋めていくように完成する「クローズド・プランニング」、[2]均質な空間を用意し、間仕切り壁の変更によって変化に対応していく「オープン・プランニング」、[3]時間的な推移の各断面が常に次の段階へ移行するプロセスであると考える「プロセス・プランニング」の三つに分類している[註10][fig.23]。

同時期の一九五九年、菊竹清訓、黒川紀章、大高正人、槇文彦、および建築評論家の川添登らによって提唱された建築運動「メタボリズム」は、社会の変化に合わせて「新陳代謝」する建築のイメージを提示し、計画概念としては磯崎のいう「オープン・プランニング」に相当する。しかし、工場生産されたカプセル状の居室を交換することによって新陳代謝が可能であるとする「中銀カプセルタワー」(設計=黒川紀章)が明らかにしたことは、フィジカルな建築の実体に「新陳代謝」という時間の概念を導入することの困難さであった。カプセルの交換に要する費用が大きかったこと、設備コアの老朽化等の要因により、結局一度もカプセルを交換することなく解体が検討されることとなったからである。

それに対し、磯崎の「プロセス・プランニング」はフィジカルな建築を無限の成長を続ける計画のある段階で固定された「切断」面として定義し、時間の概念をメタフィジックスに留めていくことで、フィジカルな限界を回避した。

切断から履歴保存へ

クリストファー・アレグザンダーもまた、メタフィジックスとフィジックスの関係に試行錯誤を続けた建築家のひとりである。一九八四年、アレグザンダーは埼玉県入間市の盈進《えいしん》学園東野高校の設計者として招かれる。アレグザンダーはここで通常の設計方法によらず、「かたち」と「コンテクスト」の間にフィードバック・ループを組み込むべく、関係者と敷地を歩き回って杭を打ち、ブルドーザーに直接指示を出すという独特の方法で設計および施工が行われた。

通常、現場に入ってから設計者と施工者の間で図面を往復させ施工図をバージョン・アップさせたり、

fig.23

fig.24
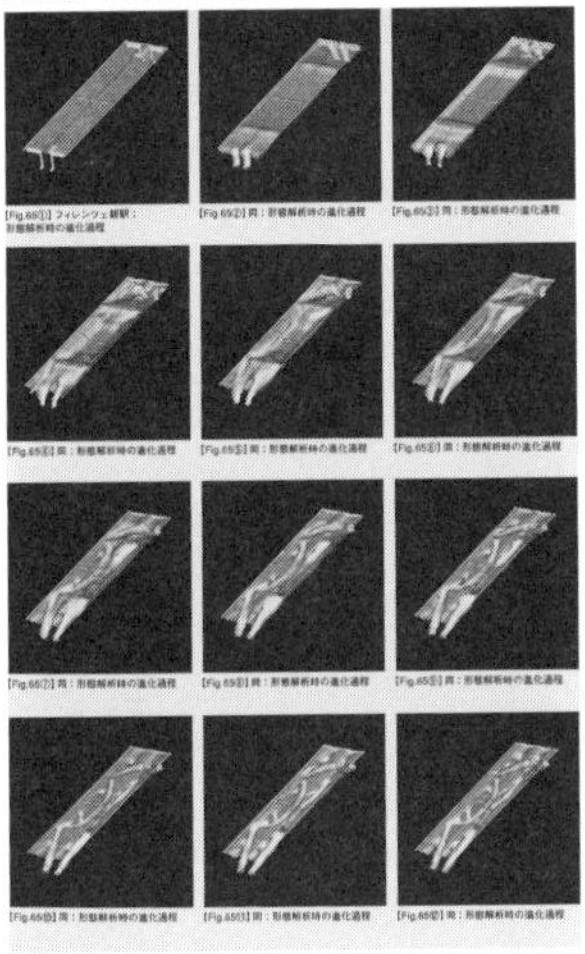

fig.23 ——切断：磯崎新「大分県立図書館」（一九六六）撮影＝著者

fig.24 ——履歴保存：磯崎新「フィレンツェ中央駅のコンペ案」の構造解析をもとにした形態の生成
出典＝佐々木睦朗『FLUX STRUCTURE』（TOTO出版、二〇〇五）

多少の設計変更が行われることはあるが、フィジカルな空間で動的な循環構造を築こうとすれば無理が生じる。それは建物の配置や実際の空間のスケールを検討するには確かな方法であったが、最終的に膨大な手戻り工事を招き、工事費の高騰、工期の延長などのトラブルを起こし、日本におけるアレグザンダーへの熱狂に大きく水を差す結果となった[註11]。

実務での経験をベースに帰納的に設計された「超線形設計プロセス」は、フィジカルな建築を計画の時間的な推移の切断面として捉え、次の段階へ移行するプロセスであると考えるという意味でメタボリズムよりも磯崎の「プロセス・プランニング」の立場を継承している。また、「かたち」と「コンテクスト」を「適合」させていく作業を基本にするという意味で、アレグザンダーの『形の合成に関するノート』の方法論を継承しているが、アレグザンダーが複数の「コンテクスト」を一括して統計的な処理を行うのに対し、「超線形設計プロセス」では「コンテクスト」をひとつひとつ段階的に「かたち」に合成し、差分を可視化させせつつ履歴を保存し、コンテクストとかたちの関係を動的に捉えようとする点が異なる。「超線形設計プロセス」では、差分ファイルのひとつのように思考を外部化するプロセスを模型のレベルに留めておくことで、フィジカルな空間の限界を回避している。

「超線形設計プロセス」は以上のような意味で、磯崎の「プロセス・プランニング論」とアレグザンダーの『形の合成に関するノート』を批判的に継承している。「プロセス・プランニング論」における「切断」という概念は、今日において「超線形設計プロセス」における「履歴保存」というかたちで批判的に継承されているのである［表2］。

表2――一九六〇、二〇〇〇年代のアナロジーの比較

	一九六〇年代	二〇〇〇年代
アナロジーの対象	都市	WEB
メタフィジックス	アレグザンダー	自己組織化
理論	メタボリズム	アルゴリズム
フィジックスとの関係	プロセス・プランニング論	超線形設計プロセス論
プラクティカルな方法論	「切断」	「履歴保存」

新しいコンテクスチュアリズムをめざす

情報技術は単純な演算を高速で展開することによって、複雑な計算を可能にする。「超線形設計プロセス」は設定＞演算＞評価＞選択という単純なプロセスを繰り返し、組織化を図っていくという点、および

決定の履歴を保存するという点では情報技術的ではあるが、設定、評価、選択を従来通り人間が行うという点、模型を使用するという点では既存の方法も活用しており、ウェブを始めとする情報技術がもたらした新しい想像力と、建築設計の慣習が蓄積してきた既存の想像力を近づける方法論であると位置づけられる。

一九九〇年代以後注目されているコンピュータ・アルゴリズムによる設計手法は[註12]、構造、環境等の解析など、数値化しやすい領域では徐々に実務レベルでも応用が進んできているが[fig.24]、構造や設備設計を含む全体を統合する意匠設計の方法論としては、仮設構築物や平屋など、単純で小規模な建築物へ適用されるに留まっている。

そのため、コンピュータ・アルゴリズムによる設計は、デザイナーが恣意的に設定した関数によって奇抜な形態を生成する一種のフォルマリズムであると見られてしまいがちであるが、本来のコンピュータ・アルゴリズムの可能性は、人間の能力を超えた演算によって見えないコンテクストを可視化することにある。「超線形設計プロセス」は、既存の設計行為を形式的な知に転換することにより、機械言語への翻訳＝プログラミングがしやすくなるため、コンピュータ・アルゴリズムが全体を統合する設計の方法論として進化するための基礎的な準備となるだろう。

今日の複雑化した都市で建築を設計する＝形態とコンテクストの不適合を取り除くためには、調査と設計が同時進行となる。それは、都市という複雑なコードの海から、建築言語を検索し、見えないコンテクストを可視化するような作業となる。近い将来、建築の設計行為は、膨大な情報から適切なデータ・マイニング＝順位付けを行う検索アルゴリズムの設計に限りなく近づくであろう。その精度が上がれば上がるほど、検索結果＝「形」はより正確＝「コンテクスチュアル」になり、意味の重層化した、より濃密な建築を都市にもたらすだろう。

そのような工学的、検索的な設計者は、「単純工学主義者」のように均質化、単純化、厳密化に甘んじることも、「反工学主義者」のように社会的にふるまったり、経済的合理性を失ったりすることもなく、多様で複雑で曖昧な現代の都市環境から、確固たる現代の建築形態を抽出する「批判的工学主義者」として、ふたたび都市へ回帰するだろう。

一九九五年以後の最も重要な社会的変化である情報化とグローバル化は、情報化から得られた知見を用いて方法論を開発し、グローバル化に抵抗するという積極的な姿勢によって、批判的に乗り越えられるのではないだろうか。

註

1——Rem Koolhaas and Bruce Mau. *S, M, L, XL: Small, Medium, Large, Extra-Large*, Monacelli, 1998.

2——the Watts Towers Arts Center 〈http://www.wattstowers.us/〉.

3——『SD 一九九〇年一月号 特集・都市居住の可能性・テーマで見る集合住宅』鹿島出版会、一九九〇。

4——レム・コールハース『a+u OMA@work.a+u－a+u Special Issue』エー・アンド・ユー、二〇〇〇。

5——クリストファー・アレグザンダー『形の合成に関するノート』稲葉武司訳、鹿島出版会、一九七八。

6——豊川斎赫『群像としての丹下研究室——戦後日本建築・都市史のメインストリーム』オーム社、二〇一二。

7——妹島和世・二川幸夫『妹島和世読本——1998』エーディーエー・エディタ・トーキョー、一九九八。

8——妹島和世・西沢立衛『妹島和世+西沢立衛読本——2005』エーディーエー・エディタ・トーキョー、二〇〇五。

9——東浩紀(他)「アーキテクチャと思考の場所」、『思想地図〈vol.3〉特集・アーキテクチャ』東浩紀・北田暁大(編)、NHK出版、二〇〇九。

10——磯崎新「プロセス・プランニング論」、『建築文化 一九六三年三月号』彰国社、一九六三。

11——難波和彦『建築の四層構造——サステイナブル・デザインをめぐる思考』INAX出版、二〇〇九。

12——コスタス・テルジディス『アルゴリズミック・アーキテクチュア』田中浩也監訳、彰国社、二〇一〇。

［第5章］建築プロジェクト——引き出される固有性

Chapter 5

批判的工学主義の建築

ここでは「批判的工学主義」の考え方に基づいて「超線形プロセス」の方法論を用いて提案し、実現してきた建築の実例をご紹介したい。用途は住宅、集合住宅、オフィスなどがあり、規模も一〇〇平方メートルくらいのものから一〇〇〇平方メートルを超えるものまでと限られているが、プロジェクトごとの固有の条件をどのように抽出し、どのように統合し、アウトプットしているか、イメージできるだろう。

また、ここで紹介する九つのプロジェクトには「ビル」「箱」「家」など、プロジェクトをまたいで発展しているモチーフがある。そこでここではそれぞれのモチーフ別に、それぞれのプロジェクトでどのようなアイディアが抽出され、単体のプロジェクトの単位を超えてどのように影響を与え、提案がどのように進化していったのかを順番に解説していきたい。

ビル001｜基壇の上のビル群のような──「BUILDING K」(二〇〇八)

東京都区内の密集地に計画された共同住宅と店舗からなる鉄骨造のビルである。外観上はガラスの基壇の上にタワーが並ぶ構成であるが、実際は五階にH-九〇〇ミリのメガ梁で構成されたメガフロアが挿

fig.1

fig.1——「BUILDING K」（二〇〇八）
撮影＝鳥村鋼一、Janet Sevilla Callejas（左上三点）

入され、二階、三階、四階の床がそこから吊り下げられている。コア以外の柱は鉛直力だけを負担するテンション材となり、座屈を考慮せずに済むため六五ミリ角となり、耐火被覆を入れても一二〇ミリの壁面内に納まってしまう極小の寸法となった。鉄骨造の条件を活かしつつ、一般的な鉄筋コンクリート造のように室内に不快な柱型を出さずに済むこととなった。

鉄骨造は遮音性能に不安が残るが、メインとなる居室と居室のあいだにサブとなる廊下や階段、設備スペースを挟んで極力スペースを確保するようにしており、タワー状の外観が内部の構成にも役立てられている。ひとつひとつのタワーのサイズは近隣の小さなビル群のスケールに合わせると同時に、タワーの隙間には空調室外機や給湯器、給排水管や電気ケーブル等を集約する設備コアが配置された。鉄筋コンクリート造の場合、構造コアには鉄筋が集中するため自由にスリーブ穴を空けることができないが、鉄骨造の場合、ブレース以外の壁面では自由にスリーブ穴を設置することができるため、設備コアと構造コアを兼ねることができる。

その結果、排水管は屋上から地下のピットまでまっすぐ通すことができた。一般的な店舗付き賃貸集合住宅の場合、往々にして上層の排水管を一階天井裏で横引きすることとなり、騒音や漏水、詰まり等の原因になることも多いが、ここでは一階の横引きがないためそうした問題は起こらない。またすべての設備機器や給排水管が露出して設置され、かつ集約されているため、大半の設備機器は足場をかけずに修理、交換、改修が可能である。通常こうした機械設備は一五－二〇年で交換が必要となるため、維持管理コストの軽減に繋がり、建築を長く使うことができる。

また、この設備コアは空調室外機等からの排気を上部に抜くためのダクトを兼ねている。空調室外機は通常外向きに設置され、排気を外部に向かって吐き出すが、ここではメーカーによる空調シミュレーションの結果、室外機の向きを通常と逆向きに設置することとなった。排気をコアのなかで束ねて上部に排出することで吸気側の温度を一定に保つことができるためである。キッチンや浴室、トイレ等の排気口もこのコア内に集約され、全体でオープンエアダクトとして機能するため、外観に一切の排気口は現れていない。これにより、外装材は成形セメント板やアルミサッシなど汎用的な素材で構成されているものの、抽象的な印象を保つことが可能となった。

この建築を特徴づけているのは屋上の路地である。今回の規模の集合住宅の場合、五階以上の居室をメゾネットとすると通常二本要求される避難階段を一本とすることができる緩和規定が適用されることがわかり、五階は外部に開放された路地状の廊下とし、六階は各居室からアクセスする構成が採用された。五階でエレベータを下りるといったん屋上の外部に出ることになり、そこから屋上路地を経由して住宅に入るアプローチとすることで戸建て感覚が得られ、室内の天井高も高さ制限の範囲内で自由に設定することができる。

こうして生まれた屋上路地は居住者が誰でも使えることのできる共用のスペースとなっている。通常、都心部のビルでは屋上や外構が設備機器類に覆われてしまうが、ここでは設備コアの内部にすべてが収められているため、屋上や外構に一切の機器が露出しておらず、生活のための場所として取り戻されている。また、こうした付加価値は将来的に竣工から年月が経った場合でも新しい入居者を惹き付けるポイントとなり、資産の価値を守ることに繋がる。

店舗が入居する一階は吊り構造を採用した結果、四カ所のコア以外に一切の構造材がないユニヴァーサルスペースとなった。商店街に面した幅一五メートルの間口には柱が一本もなく、開放的な構えを実現していると同時に、建設中は工事用車両の出入りがしやすく、資材置き場や職人の朝礼等が行われ、まさにピロティのように使われていた。最終的に四周にサッシを回した透明な基壇として仕上げられた。

基壇は古典建築の象徴であり、ル・コルビジュエを始めとするモダニズムの建築家たちは一階をピロティとして開放しようとする。そのため公団等の集合住宅でも一階は駐車場等のために開放されたものが多いが、市場の原理に従うと一階こそがもっとも効率よく賃料収入を上げられる空間であり、ここで安定した収入が得られることで上階の実験的な住宅のあり方も可能となる。基壇とタワーからなる外観は古典主義的なビル建築の慣習的な構成への回帰を若干志向しつつも、基幹部分（一－四階）と実験部分（五－六階）からなるこのプロジェクトの二層構造を暗示するものとなった。

このように、ビル全体が工学的な判断を基調とし、市場のニーズを反映しつつ、屋上路地を持つ基壇とタワーという意匠へと結びつけられている。今思えば、鉄筋コンクリート造が主流の賃貸集合住宅の計画で、周辺の環境によりやむを得ず選択された「鉄骨造を採用する」というやや特殊な最初期の判断が、後の建築全体のあり方を決めたように思う。ただしその判断は設計プロセスのなかで絶えず参照され、鉄骨造ならではの外形、住戸プラン、構造計画、設備計画を選択し続けることで部分が全体へとフィードバックされ、当初の判断を補強するような最終形を導くこととなった[fig.1]。

ビル002｜ふたつのビルが集合したような――「東京郊外の家」（二〇〇九）

東京郊外の住宅街に建つ木造三階建ての個人住宅である[fig.3]。敷地は北側と東側が道路に面しており、それらの道路が一二〇度の角度で交差している台形の変形敷地であった。

最初から具体的な要望が固まっていたわけではなかったので、まず要求された床面積とありふれた内部プランをざっくりと敷地の上に置いた[fig.2](001)。すると「これよりはこのほうがいい」「あれよりはこのほうがいい」とリクエストが出てくる。それをもとに案の更新を重ねていくと(003-005)、ある段階で内部空間の要求に関してはほぼクリアすることができた(007)。

それまでのプロセスで内部空間の要求と建築のフォームはほぼ合ったものになっているが、台形の敷地形状と建築の外形は合っていない。そこで建築をふたつに分け、それぞれの前面道路と角度を合わせて置くことにし、南側の隙間に設備とテラス、東側に植栽、北側に玄関を配置した(008)。排水、排気ルートの検討(009-019)、コスト調整のためのコンパクト化(020)、開口部の調整など(021)を経て、最終形に至った(023)。

ヴォリュームを縦に割った結果、ビルのようなイメージを持つ家となった。一つひとつのヴォリュームの幅はリビングやベッドルームの家具をレイアウトした際にぴったりと納まるサイズであり、「BUILDING K」と同じ「部屋サイズのタワー」である。北側のV字状の坪庭部分に集められた小さな窓の連なりは、各室の足下に設置された吸気(給気)用の窓であり、冷やされた空気を取り込み、東西方向に大きく開けられた高窓および南側に集められた機械で排気するところで空気の動きを作り出す。窓の大小の対比と高低差から重力換気が促され、室内の足下を風が通り抜けるように意図されている。

木造三階建てという構造であるが、あえて箱形のタワーが集合した形態にしたのは「BUILDING K」の経験が活かされたものである。ふたつのタワーという外形が[1]外壁面のスケールを周囲に合わせ、[2]道路と建築の向きを揃え、[3]室内をメイン部分とユーティリティ部分に分け、[4]吸気口と排気口の集約による空気の流れを生み、[5]排水経路や室外機置き場を隠す、などあらゆる課題に対して応えるものとなっており、部分が全体へとフィードバックされ、当初の判断を補強するものとなっている。

fig.2

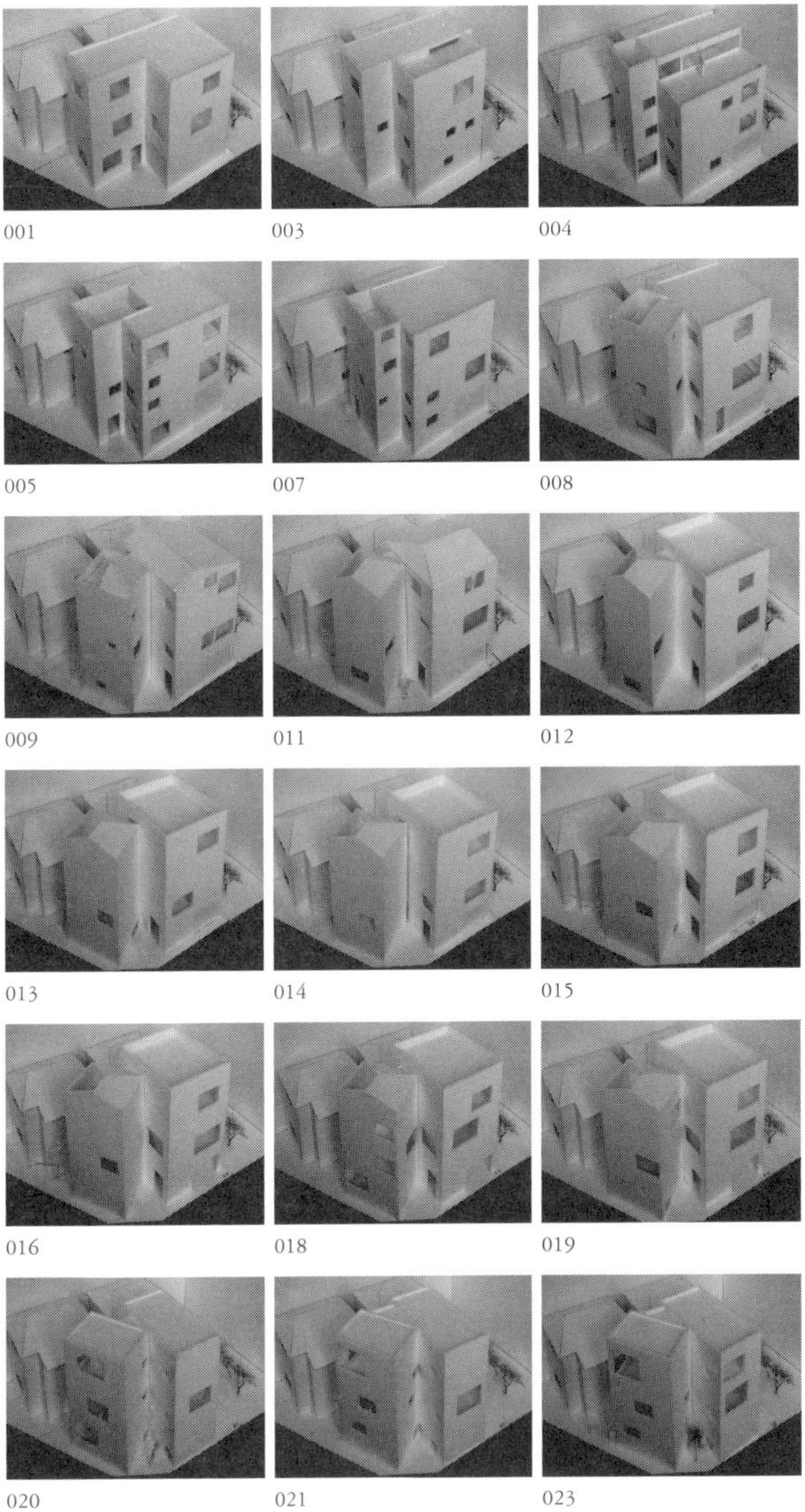

fig.2――「東京郊外の家」(二〇〇九)のプロセス

ビル003｜三つのビルが集合したような――「BUILDING T」（二〇〇九）

東京都心部に建設された賃貸オフィスビルである［fig.4］。とあるゼネコンに所属する設計者がヴォリュームを出し、事業性が検討されていたが、もっと特徴を出して差別化を図りたいとの依頼であった［fig.5］（001-002）。避難バルコニーや天井高などを検討し（003-006）、天空率計算を適用すると、下層階ではより効率的に床面積を確保できることがわかってきたが（007-009）、ビル全体の構えが周辺の街並みに対して馴染んでいないように感じられたことが気になっていた。

そこで「東京郊外の家」と同じように全体をふたつのタワーに分け、手前をメインのオフィス、奥をエレベータ、トイレ、避難階段を納めたユーティリティとし、それらの向きを隣接するビル群と合わせ、角度を振って配置し変形敷地に適合させることにした。隙間は設備ルートと採光用のスペースとした（010）。

天空率をチェックしていくと平面形状を工夫すれば最上階まで同じ形状でタワー状のヴォリュームにできることがわかり、三つのタワーが束になったような外観とした（011）。北東のコーナーに避難バルコニーを集約し、ランダムに配置して表情を出す。構造的には中央のタワーが一次のコアとなり、左右のタワーを二次要素、避難バルコニーと避難階段を三次要素として捉え、やじろべえのようにバランスを取る（012）。

仕上げは、三つのタワーそれぞれに別の外装材で切り替えることにした。一般的にオフィスビルの外装

fig.3

fig.4

fig.3 ──「東京郊外の家」(二〇〇九) 撮影=樋口兼一
fig.4 ──「BUILDING T」(二〇〇九) 撮影=樋口兼一

はよく見える前面道路側はガラス張りのカーテンウォール、あまり目立たない両サイドは金属パネルとアルミサッシ、人目に触れにくい裏側は成形セメント板とするなど、仕上げを松・竹・梅で使い分けることが多い。そこでここでは手前のタワーを会議室や社長室を想定した透明なガラス張り(松)とし、コアとなるオフィススペースを納めた中央のタワーを機能的な金属パネルとアルミサッシ(竹)、奥のユーティリティのタワーを成形セメント板(梅)による仕上げとした。

変形敷地と周辺環境への対応から生まれた「三つのタワー」という構成が、構造上はサブ・メイン・サブという主従関係となり、外観は周辺の街並みに沿うサイズとなり、内部空間にもエレベータから奥に向かってシークエンスの変化を与えることとなり、均質になりがちなオフィスビルに適度な特徴を与えることができた。

箱001｜立てられた箱――「APARTMENT S」(2011)

東京都区内の住宅街に計画された、鉄筋コンクリート造五階建ての集合住宅である[fig.7]。南側に前面道路があり、道路を挟んで公園に面している。都心型の「BUILDING K」ではバルコニーを省略したが、ここでは何らかのかたちで確保することを求められた。ただバルコニーを通常のかたちで置いてしまうと

fig.5

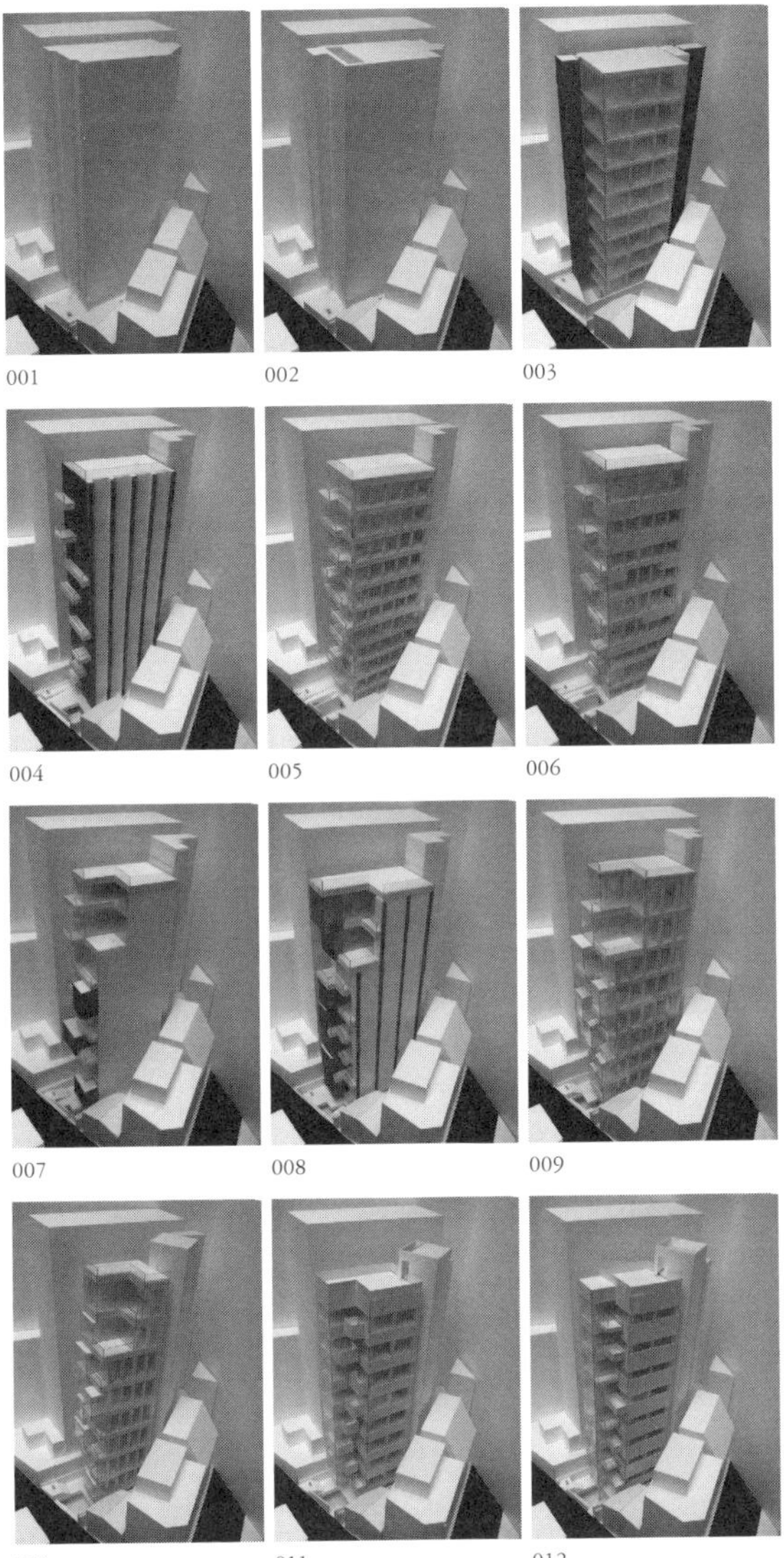

fig.5 ——「BUILDING T」(二〇〇九)のプロセス

インテリアと外部が遠くなるのが気になっていた。また寸法が中途半端であるために家具を置いて使われることは稀であり、多くの場合設備や荷物の置き場となってしまう。

そこで、ここでは平面は集合住宅で一般的なバルコニーを南面に設けず、かわりに北側にボックス状に設けることとした。階段を上り、スチールのドアを開けるとまずバルコニーがあり、玄関ポーチのようなスペースとなっており、内部とはガラスのサッシで連続している。これにより、スチールドアを閉めたまま南北通風と北面からの採光を得ることが可能となり、暗くなりがちなワンルームの雰囲気を変えることができる。

外形は高さ制限いっぱいに取った箱形のヴォリュームを基本とした[fig.6](001)。断面は均等に一〇分割したもののうち九戸を住戸にあて、一階の一つをエントランス兼自転車置き場とし、一階のエントランスも含めすべての開口をなるべく似たような大きさとした(007)。下階と上階の環境条件の違いを反映し、道路側に設置しなければならないゴミ箱を避け(012)、室内からの風景の見え方の違いを反映するなどミクロな環境の条件を徐々に読み込み、ランダムな大きさの開口が揺らぎながら並ぶ外観を検討していった(013-019)。

設備は共用廊下に露出して集約し、すべての機械設備を共用廊下から足場なしでメンテナンス可能な配置とした。空調室外機は吸気側となる背面を廊下側に向け、「BUILDING K」と同じく排気が

fig.6

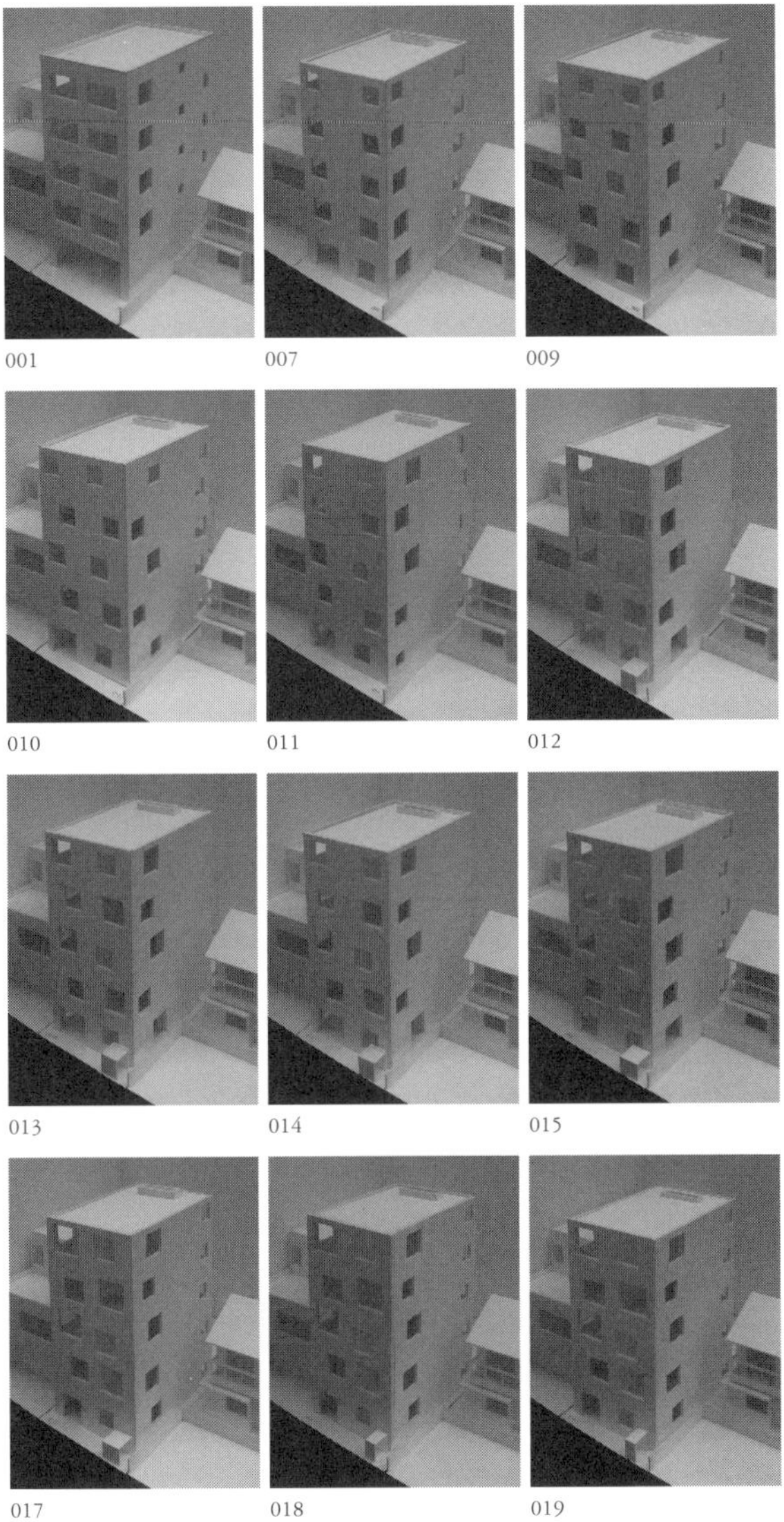

fig.6 ——「APARTMENT S」(二〇一一)のプロセス

つくる上昇気流を束ねて上方へ排熱する「オープンエアダクト」とした。

賃貸集合住宅の市場ではバルコニーや収納、水回りの設備など必要とされるアイテムがひとつでも欠けることを敬遠するが、配列に関しては提案の余地がある。ここではバルコニーという形骸化したアイテムのあり方を見直し、快適な外部空間として生活の一部に取り込むことができた。

箱002｜横に置かれた箱——「APARTMENT B」(二〇一三)

東京都区内の角地に計画された、鉄筋コンクリート造三階建ての集合住宅である[fig.8]。賃貸ワンルームの慣習を遵守しつつ、プライバシーを確保する建築のあり方がめざされた。

まずは高さ制限の範囲内で箱状のヴォリュームを確保し、「S」と同じく断面を均等に割って居室を確保することを考えた。三層に三室ずつ、合計九室確保できそうだった[fig.9](001)。次にバルコニーのあり方を検討したのだが、ここでは敷地の条件から高さ制限が厳しいため「S」のようなインナーバルコニーの採用は難しく、南側にバルコニーを確保しようとすると敷地の北側に本体を寄せることになり、斜線制限によって上層階の北側部分が斜めに削られることになりそうだった。

そこでここでは、あえて北面にバルコニーを張り出し、斜線制限をかいくぐりつつ、室内の生活をバルコ

fig.7

fig.8

fig.7——「APARTMENT S」(二〇一一)|撮影=太田拓実||fig.8——「APARTMENT B」(二〇一三)|撮影=太田拓実

ニー側へ拡げるようなワンルームのあり方を検討した(002-009)。すると東西の二室は南北に風が抜ける快適な居室が確保できそうだったが、中央の一室はどうしても階段室との関係で南北に風が抜けない、よくあるワンルームのようになりそうだった。

そこで九室を六室とし、各層二室とした(010)。中央に水回りを集約することによりすべての部屋の条件が近づき、居室は三面採光となり、「S」と同じく北側にバルコニーを持つことで南北に通風が確保できそうだった。また、機械設備は中央の階段室に設置されたコアに集約することができた(011-016)。

詳細を検討した結果、北側に張り出したバルコニーの奥行きを一・二メートルと通常より深く確保することができた。これであれば家具なども出して室内の延長として使うことができる。窓台の高さは腰掛けることのできる四〇〇ミリとし、バルコニーのコンクリート手すりの高さは窓台と揃えることにした。

その結果、外観上は横に置かれた箱の水平方向を強調するような、ベルト状のバルコニーが生まれた。通常は奥行きが一メートル程度、高さが一・一メートル程度であるが、ここでは奥行きが一・四メートル、高さが〇・四メートル程度になるため、陰影が深く、独特の表情を生んでいる。南面は大きな壁面により箱の力強さを強調する外観となった。

fig.9——「APARTMENT B」(二〇一三)のプロセス

fig.9

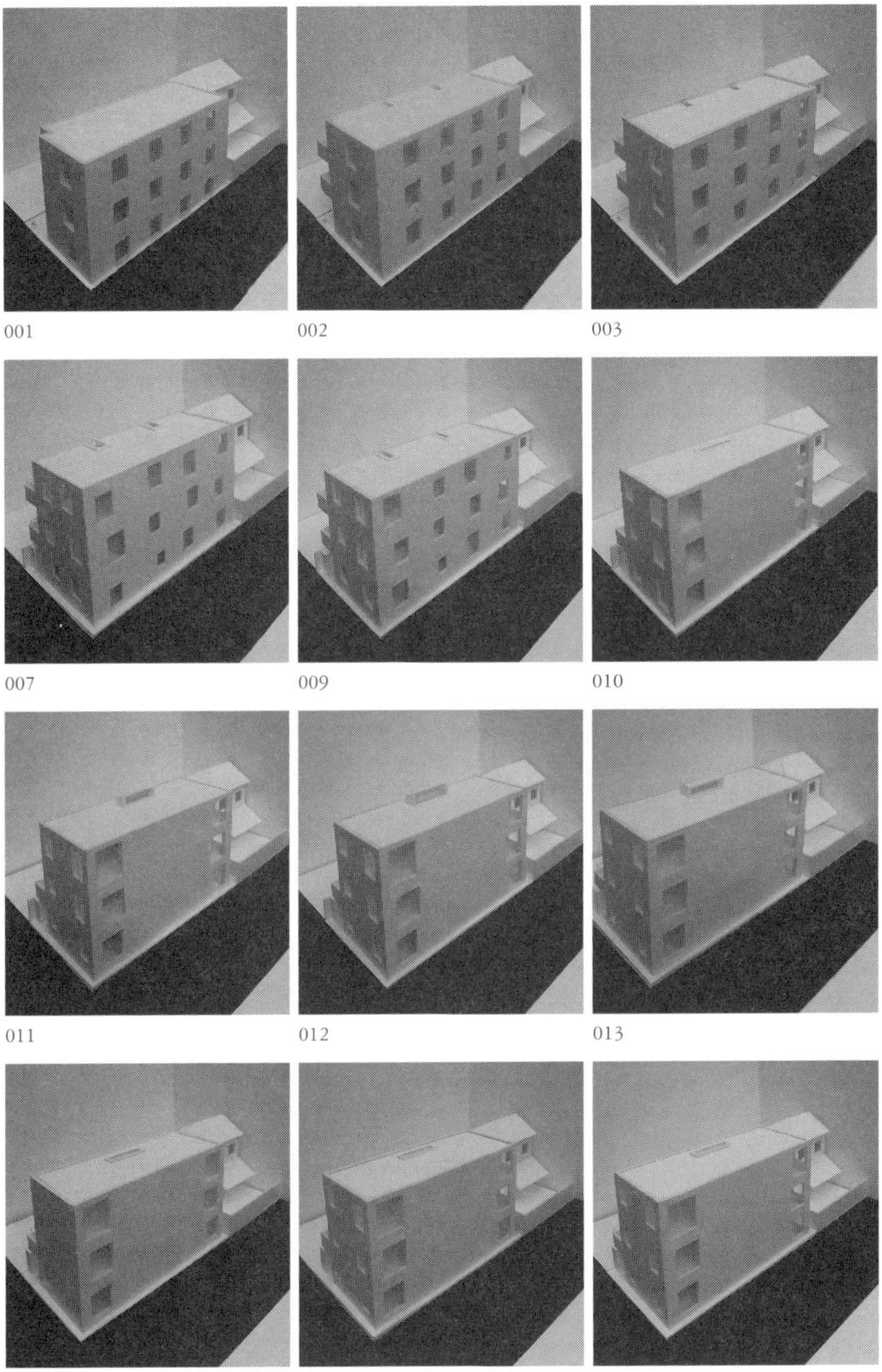

001 002 003

007 009 010

011 012 013

014 015 016

箱003｜ベルトのグリッドでつくる箱——「APARTMENT N」(二〇一四)

東京都区内の住宅地に計画された、鉄筋コンクリート造三階建ての集合住宅である[fig.11]。ここでも賃貸ワンルームの慣習を遵守しつつ、プライバシーを確保し、公園に面した静かな環境に開く建築のあり方がめざされた。

当初は同じく公園に南面する「S」に倣って箱状のヴォリュームを設定し、「北側インナーバルコニー案」の検討を行ったが[fig.10](001)、今回の敷地条件では馴染まず、既存作品「B」に倣って北側アウターバルコニー案をベースに二面のアウターバルコニーを張り出すことにした(005-007)。

「B」では北側へ張り出したバルコニーと箱状の本体の対比が強調され、独特の表情を生んでいたものの、建築としては一体的に感じられないことを意匠上の課題に感じていた。そこで柱、梁、バルコニーの手すりなどの寸法を総合的に検討し直した結果、構造上求められる壁柱の幅や梁の背がおよそ一メートルであったため開口は「柱と柱の隙間」として捉え直し、バルコニー手すり高さを開口の下辺(腰壁の高さ)と上辺(垂壁の高さ)にそれぞれ揃えることで躯体を一メートル幅、二〇〇ミリ厚のリボン状のRC壁のグリッドとし

fig.10——「APARTMENT N」(二〇一四)のプロセス

fig.10

001

005

007

009

011

014

016

017

018

020

022

023

て再構成した(009-014)。室内平面は単純な三等分割となり、構造計画と完全に一致させることができた。

さらに詳細に検討を続け、公園側の道路に居室を近づけ、開放感を与えるためバルコニーを部分的に省略したり、消防用の進入口を設けたり、下階のバルコニーの屋根となったり、というように個別の要求に便宜的に対応して部分と全体のあいだに緊張関係を持たせるようにした(016-023)。

賃貸集合住宅には固有の慣習があるためそれらに従うと開口と本体、バルコニーの関係に主従関係が発生し、便宜的な対応に陥りやすいが、そうすると意匠上は全体の幾何学が見えづらくなる。「S」は敷地固有の条件でたまたま高さに余裕があったことから「箱」というモチーフが比較的スムーズに導入できたが、より一般的な住宅地に建つ「B」ではバルコニーを独立して考えざるを得なかった。「N」ではバルコニーという部分の要素をむしろ全体に拡張して箱をグリッドに解体してしまったことで「箱」を「箱」として閉じるそれまでの方法ではなく、より自由な可能性を秘めた「概念としての箱」にモチーフを進化させることができたのではないかと考えている。

家001｜倉庫のような家——「倉庫の家」(二〇一二)

東京郊外の住宅地に建つ、鉄骨造による二階建ての住宅である[fig.15]。箱形のヴォリュームを設定し[fig.13]

(001)、要求された面積を高さ制限のなかで地上部に納めようとすると、少しだけはみ出してしまう。そこで足りない分を補うために、地下を少しだけ掘削することにした。

当初は手前のガレージ側を二層、奥を三層とした構成(007)、手前/奥のあいだの中央部分に吹き抜けを設けて地下まで光を届けることなどを検討していたが(008-017)、詳細な地盤調査の結果、地下一五

fig.11

fig.12

fig.11——「APARTMENT B」(二〇一三)|撮影=太田拓実
fig.12——「APARTMENT N」(二〇一四)|撮影=太田拓実

メートル付近に支持層があることがわかり、地下を全面的に掘削し、地盤改良を施したほうが杭を省略でき、かつ構造的にもバランスさせやすいことがわかった。

そこで地下は全面的に掘削し水回り等を納め、両端部に採光、通風用のドライエリアを設け(023)、地上部は天井高の高い二階建てとして吹き抜けの煙突効果を利用して最上階のトップライトから排熱する計画とし、吹き抜けには壁面の高さを利用して大量の蔵書を収納する本棚が設置された。ガレージは採光・通風に考慮し、近所の人と交流することもできる半外部のエントランスホールとして機能するように意図した(024-029)。

鉄骨造による軽やかな構造と天井高が生み出すおおらかな空間、搬入口のようなエントランスの庇など、倉庫建築のような表情を持つことから「倉庫の家」と呼ぶことにした。

fig.13 ——「倉庫の家」(二〇一一)のプロセス

家002|小屋のような家——「小屋の家」(二〇一二)

東京郊外の海岸沿いの傾斜地に建つ、鉄筋コンクリートと木の混構造による二階建ての住宅である

fig.13

001

007

008

010

011

012

013

014

015

016

017

023

024

025

026

027

028

029

[fig.16]。当初から木造を想定していたが、後背地の眺望に配慮するため敷地いっぱいに広がった二階建てとし、海からの強風を避けるように玄関を山側に設定し、そちらに切妻面を向けることとした[fig.14](001)。当初は眺望の開けた海側三方は開放することを想定し、下階を斜面から浮かせた構成を想定していたが(003)、構造を検討していった結果、下階を、擁壁を兼ねた壁式鉄筋コンクリート造とし、ガレージや水回りを収め、上階を木造として切り離すことにした(011)。開口は眺望が開けている西側に絞ってコーナーのみを全面開口とし、トップライトで採光を補う検討を重ねた(012-16)。

上階のみを木造としたために山側から見ると平屋の窓の少ない山小屋のように見え、海側から見ると開放的な海小屋のように見える。ふたつの小屋のような表情を持つことから「小屋の家」と呼ぶことにした。

家003　家のような家——「家の家」(二〇一二)

東京郊外の新興住宅地の角地に建つ住宅である[fig.17]。まず敷地の形状に合わせてできるだけシンプル

fig.14——「小屋の家」(二〇一一)のプロセス

fig.14

001

003

011

012

014

015

016

なヴォリュームを確保し、おおまかに必要な機能を配置した[fig.18](001-002)。内部、外部ともに使い切れていないと感じられたため、南北に伸びる敷地形状を活かし、メイン・ヴォリュームからふたつのサブ・ヴォリュームを突き出し、南東に庭を確保した(006)。

構造は木造二階建てとすることを想定し、寄せ棟を半分に分割した片寄棟型の屋根をかけた(008)。当初は前面道路側に対し圧迫感をなくそうとしていたが、隣接する住宅との高さのずれが気になるので、西側全面道路に対して切妻面を向けることで正面性を作ることとした(010)。玄関を切り妻の中心に合わせ(011)、庭は少しずつ使い方をイメージできるようになってきたが、まだ室内と連続した伸びやかさが感じられないことが気になっていた(012-013)。

そこで北側道路からのセットバック距離を最小限の二五〇〇ミリとして、南側の庭を最大限確保した。サブ・ヴォリュームの屋根を検討した結果(019)、庭側に下がる片流れとすることで圧迫感を減らせると判断し(018)、一階の設備、水回りの配置を整理し、家事動線や配管ルートを一直線に通す平面を検討した(020-024)。

曖昧な寸法を整理し、水回りのヴォリュームの長さをメイン・ヴォリュームと同じ六〇〇〇ミリとした

fig.15――「倉庫の家」(二〇一一)撮影=太田拓実||fig.16――「小屋の家」(二〇一二)撮影=太田拓実||fig.17――「家の家」(二〇一三)撮影=太田拓実

fig.15

fig.16

fig.17

ところ主室と庭の面積が同じとなり、両者の等価な関係がよりわかりやすく示された。水回りの諸室も二〇〇〇ミリずつ三等分割し、全体として等分割や対称などの修辞を用いて各室の関係が示された、明快な構成となった(025)。

スタディを重ねていく過程でたどり着いた「六〇〇〇ミリ四方」というサイズは平面と断面がせめぎ合う、木造二階建てらしい緊張感のある寸法である。東京郊外で平均的な一〇〇平方メートル程度の戸建て住宅の構成を考えると、五〇〇〇ミリ四方以下だと垂直方向へ三層以上に積層したペンシルビルのような住宅となって断面構成が主題となり、七〇〇〇ミリ四方以上だと一階平面が大きくなり水平方向へ展開した屋敷のような住宅となって平面構成が主題となるからである。二〇〇〇ミリと三〇〇〇ミリで等分割できるところもいい。

開口は数を減らしてすべてLow-Eペアガラスとし、通風を考慮し、南側の開口には日照条件に合わせ庇を設けた。また、給排水、ガス、換気などの設備ルートと、空調室外機、給湯器、メーターなどの機械設備を西側のヴォリュームに集約し、立面から設備機器を排除した。

実際に建ったところを眺めてみると、線対称な家型の外形を持つこと、周囲の家の色調やスケールに合

fig.18——「家の家」(二〇一二)のプロセス

fig.18

001

002

006

007

008

009

010

011

012

013

018

019

020

021

022

023

024

025

わせることなどが「家らしさ」を強調している。「木造二階建て」「勾配屋根」「淡い色の外壁」など周囲の住宅と共通のボキャブラリーを持っているが、一階主室の天井高は約三〇〇〇ミリと高いわりに軒高は周辺の住宅よりも低く抑えられ、開口の位置やサイズは構造材の通りよりも内部からの視界の確保を優先させているため外部が室内から近く感じられ、北側道路に面した高い窓から南側の庭に面した低い窓に向けて適度に視線が抜けるため周囲の住宅にはない透明性がある。

住宅の慣習に寄り添い、周辺の環境に参加しつつも、不透明で均質な郊外住宅のあり方には批評を加えている。そんな住宅のあり方が実現できたのではないかと思う。「東京郊外の家」(二〇〇九)の頃は「BUILDING K」などのプロジェクトに影響を受け社会と接続した工学的な建築を志向していたが、「慣習」という意匠のレイヤーが加わり、意匠―工学―社会がつながった現代住宅の提案にようやくたどり着くことができたように思う。

「モア・イズ・モア」を工学的に実現する

以上のプロジェクトを振り返ると、当初の「ビル」というモチーフは工学的アプローチを通じて社会と接続しようとする意志が、「箱」はコンテクストの違いを抽象化しようとする意志、「家」はそれらに慣習を重ねようとする意志が、それぞれ強く現れている。いずれも外形の単純さや配置、開口の秩序や設備の扱いなど、意匠上の配慮はなされているが、総じてアノニマス（匿名的）でジェネリック（一般的な）な建築のイメージを志向しており、薄く、細く、軽くというようなモダニズム建築のような抽象的な表現の志向は見られない。

別の見方をすれば、これらの建築はかつてロバート・ヴェンチューリが提唱した複合性や矛盾［註1］を志向していると言えるだろう。クライアントの要求を積極的に反映させることはもちろんのこと、法規や市場性、敷地条件や構造、設備上の条件への積極的な介入を行い、それらによる変形を積極的に受け入れ、かつそれらを意味のあるものとして複合化していこうとする。

そうした姿勢は日本の伝統建築のプロポーションや、それによる全体の秩序の統一を重視する丹下健三よりも、あえてプロポーションを問わない純粋立体を用いて手法を強調したり常に複数の原理を並走させることで複雑さをもたらそうとした磯崎新に近く、幾何的な図式の純粋性や対比的な構成を重視した篠原一男よりも慣習や要素どうしの関係を重視しようとした坂本一成の姿勢［註2］に近いと言えるだろう。

もっとも、抽象的な構成を採る「白の家」などで知られる篠原も後年には積極的に要素どうしの貫入や衝突を導入した「上原通りの住宅」を発表し、篠原に強く影響を受け「中野本町の家」のような抽象的な内部空間を持つ住宅を伊東豊雄もまた、部材を積極的に顕わにし、既製品を積極的に活用する「小金井の住宅」のような試みを経て「シルバーハット」へと行き着いた。彼らのように、絶えず自己批判を繰り返して進化する建築家の例も存在する。

このように多くの建築家によって試みられている複雑さへの挑戦には、多方面の要求に応えようと条件を積み重ねると、アウトプットが平均化してしまうリスクもつきまとっている。ヴェンチューリの「モア・イズ・モア」——より複雑なものはより美しく、豊かである——は本来、享楽的で消費的なアメリカの大衆社会のあり方を前に、シニシズムに陥らずに発注者の構造的な矛盾や多様性を積極的に引き受け、建築をパワフルな社会変革の方法として読み替えようとするものだった。それは決して容易に実現できるものではなく、大半の場合は凡庸さ、醜さを生み出してしまう。

しかし、寄せられる要求を注意深く建築の形態に翻訳し、コンテクストとフォームの不適合を取り除きながら変形を重ねるというアーキテクトの意志、そしてそれを立体的に記録し、比較を可能にするプロセス模型というツールがあれば、ヴェンチューリのいう「モア・イズ・モア」という思想を工学的に実現することは可能である。

ここに挙げられた九つの小さなプロジェクト群は、試みとしては発展途上のものばかりであるが、プロセス模型によって提案の変更履歴を保存し、比較し、意味を重ねていくという、とても単純であるが効果的な工学的アプローチを導入することで、プロジェクトごとの固有性を引き出し、新しい多様性の表現を生む可能性の一端を示してはいないだろうか。それはかつてロバート・ヴェンチューリが唱えた大衆社会への構えに関する思想を現代に蘇らせ、均質化に抗い、多様性を祝福する社会を構築することに繋がるはずだ。

註

1――ロバート・ヴェンチューリ『建築の多様性と対立性』伊藤公文訳、鹿島出版会、一九八二。

2――坂本一成『住宅――日常の詩学』TOTO出版、二〇〇一。

［第6章］教育・政治への応用——ソーシャルデザインプロジェクトの実践

Chapter 6

建築的思考の応用

工学アプローチによって複雑さを包摂し、慣習と接続し、均質に抗おうとする方法論は、二〇〇〇年に建築を学び始め、大小さまざまなプロジェクトにかかわってきた自らの経験をフィードバックさせながら少しずつ進化させてきたものである。それは建築プロジェクトだけではなく、さまざまなプロジェクトを建築的に組み立てる方法として応用されることとなった。

そこでここでは二〇〇八年にスタートした大学講師としての設計教育の経験、および二〇一〇年の東洋大学への着任を機にスタートした「ソーシャルデザインプロジェクト」を通じた公共政策への取り組みを紹介し、「批判的工学主義」の社会的応用の可能性について考えたい。

教育への応用——設計を教えること

「設計」はいかに教えられるのか。一般的に建築系の大学や専門学校等で展開される演習は、指導の具体的な方法には統一的な基準もなく、その進め方は学校によって、教員によってまちまちであるが、概ね最初に設計要項と想定敷地が配布され、そのなかに要求される面積、機能等のみが記載され、あとは締め切りや提出物についての指示があるだけで、手順については具体的な指定がないことが多い。検討は何から始めればよいのか。敷地の読み取りか、機能の検討か。それをスケッチで行うのか、模型で行うのか。検討用の模型の縮尺は五〇〇分の一か一〇〇分の一か。教員からの指示は驚くほど少なく、評価の基準も驚くほど曖昧である。作業量が評価されることもあれば、ほとんど作業をしていないのにわずかなスケッチが評価されることもある。

学生のほうからすると、きまぐれな要求と評価につきあわされ、それによって高い評価が得られれば多少は報われた気分になるが、そうでない場合にはなんともやりきれない気分になるだろう。せめて事前に要求をしっかり整理し、曖昧な評価基準を誰にでもわかるようにはっきりしてくれ——。

実は、そのような整理されない要求や曖昧な評価基準は、大人の世界も同じである。何をどのように設計すればよいのか、どのような成果物が望ましいのかが曖昧なままスタートし、設計という行為が進むにつれその内容が、霧が晴れるように明らかになるプロセスは、設計の本質でもある。

超線形設計プロセス論と教育

曖昧な要求や評価のなかから一貫性を見いだし、形態を構成していく作業のイメージをどのように伝えるか。私は自らの経験をもとに、次のような教育を実践するようになった。

　まず、毎回のエスキスチェック（担当の教員に進捗を報告する場）ごとに、同一縮尺の模型を必ず制作するように指示し、前回の模型と今回の模型を並べ、気がついたことを指摘させる。それまでに制作した模型を時系列に沿って並べ、それを見ながら案を検討すれば、自分がどんなことを考えながら案を生成させてきたのかつねに確認することができ、方針がぶれることがなくなる。

　それをスムーズに行うためにはまず「設計の手順」をしっかり定義する必要がある。例えば五週間の課題だったら、最初の週はイントロダクション、二週目は敷地形状と面積、高さの関係を検討する「ヴォリューム」の検討、三週目は「プランニング」、さらに四週目は「開口」、そして五週目に「屋根」というように、検討項目を段階的に増やしていくように指示する。一度にいろいろな課題を与えると、どのような問題に対してどのように解決したのか、またその解決に対してどのような形態の変更が与えられたのか、見えなくなるからである。

　意外と重要なことは、毎回の授業で行われる「打ち合わせの意味」を定義することである。エスキスは単なる進捗の報告や相談というよりも、協働での「意思決定の場」であり、その場で前回から今回までに検討したことを報告し、今回から次回へ検討することを一緒に絞り込み、決定する場である、と教える。学生はしばしば一度進めてきた案を白紙に戻し、まったく違う案を作成してくることがあるが、それはクライアントとのコミュニケーションの蓄積を消去するようなものであるから、エスキスチェックは一方的な報告の場ではなく、「意思決定を他者とともに行う場」であるということを入念に確認する必要がある。

このように設計の「手順」を教えることが目的であるから、プレゼンテーション用の模型やプレゼンテーション用のボード、形態を説明するためのダイヤグラム(図式)などはほとんど審査の対象としていない。時系列に並んだ同一縮尺の白模型、図面がきちんと並んでいればそれで十分であるからである。

fig.1

fig.1——首都大学東京での授業風景(二〇〇九)(上二点)、東洋大学での授業風景(二〇一〇年—)(下二点)

そこで重要なのは講評の仕方である。最終形態だけを見て「ここに玄関があるのはいいのか」と問いかけたり、「もっと他にやりようがある」などというコメントで「いい／悪い」という価値判断の表明を積み重ねても意味がない。むしろ設計者が一定の手順のなかでどのような気づきを得て、それをもとにどのようなストーリーを組み立てることができたかどうかを比べるようにする[fig.1]。

形態から考えない

実際に試してみると、毎回のエスキスチェックでどれがいい／悪いという価値判断はされないため、否定されることがなくなり、学生が安心して案を持ってくるようになる。全体的に肯定的なディスカッションとなるため建築が好きになり、脱落者が少なくなる。

形態から考える教育の場合はお手本が必要になるため、知識偏重の指導になりやすく、「○○を知っている？」「知りません」「○○を知っている？」「知りません」というやりとりが増え、学生が次第に意欲をなくしてしまうことがあり、しかも最終形が既視感のあるものになりやすい。しかし、手順から考えるようになると最終形はオリジナルなものになり、コピーがなくなる。また同じ思考手順をどんな課題にでも応用できるようになり、他分野の課題への応用が可能となる。手順は全体に共通していてもそこで選び取る選択肢が異なれば最終形は異なるものとなるため、建築的に多様な結果となり、最終形が互いに比較可能となるため学生どうしも議論しやすくなる。

課題としては、［1］毎回模型を制作しなければならないため、意欲が低い受講生の場合、一度でも欠席すると課題が累積しますますやる気をなくす、という悪循環が見られることがある。［2］チームで指導にあたる場合、教員全員が同じイメージを共有していない場合、学生が混乱することがある。［3］手順に従って案を発展させていくうちに、そこにイメージを少しずつ立ち上げなければならないが、そのイメージを伝えられないと、最終形に飛躍が生まれず、凡庸な結果となってしまうことがある、などである。

考えるな／想像するな／振り返るな

二〇〇八年、カナダのブリティッシュ・コロンビア大学のスタジオを担当していた際、口を酸っぱくして反復するフレーズがあった［fig.2］。それは「Do NOT Think（考えるな）」「Do NOT Imagine（想像するな）」「Do NOT Look Back（振り返るな）」というものだ。

「Do NOT Think（考えるな）」とは、エスキスの場で一緒に絞った問題を解決し、反映した更新案の模型を作成するだけだから「考える」必要がないということである。「考えたんですけど、できませんでした」

ということがあまり生産的でないやりとりを避けることができる。

「Do NOT Imagine（想像するな）」とは、「ゴールイメージ（最終形）を」想像するな、ということである。多くの学生は雑誌などでみた特定の建築家の作品をイメージし、それを与えられた課題の敷地に当てはめようとする。ところが、与えられた条件と折り合いがつかず、あれもダメ、これもダメというようにネガティブな妥協を続けていく。それでもかたちは生まれるが、トータルとしてはネガティブなフィードバックばかりのプロセスになってしまう。そうするのではなく、毎回の更新作業を反復しながら徐々にイメージを膨らませ、かたちをプロセスのなかで生成させていくようにすれば、ポジティブなフィードバックのプロセスとなる。

「Do NOT Look Back（振り返るな）」とは、ちゃぶ台返しの禁止である。設計とはありえる選択肢を列挙し、選択を繰り返すことであるが、学生はついついありえた選択の可能性に気を取られ、白紙に撤回する誘惑にかられてしまう。途中までの段階で思ったような評価が得られないからといってリセットを繰り返したり、中間発表まで好評価だったのに、提出直前に迷ってしまってリセットしたりする学生は多いが、設計は選択の積み重ねによってアイディアを蓄積するものなので、一朝一夕に代替案を作成するのは難しい。正面から案に向きあい、淡々と問題を解決し、全体へとフィードバックしていけばよいのである。

授業が英語で行われていたためにメッセージはシンプルなものとなったことが、かえって手順を重視する設計方法のコンセプトを説明しているように思えた。すなわち「Think（考える）」「Imagine（想像する）」「Look Back（振り返る）」という、設計教育で重視されそうな作業をあえて「禁止」し、あたかも機械になったかのようにふるまうように指示する（濱野智史はこれを「人文的思考の否定」と表現した）。

もちろん、実際にはリテラルに機械的にふるまうのではなく、「考えないということを考える」というように、多くの逆説を含んでおり、アイロニーのある言い方ではある。英語の場合はそのニュアンスが比較的伝わりやすいのに対し、日本語にするとリテラルに受け取る向きも多いのが難点だが、「設計作業とは何か」を問いかけるにはよいフレーズであると思う。

fig.2

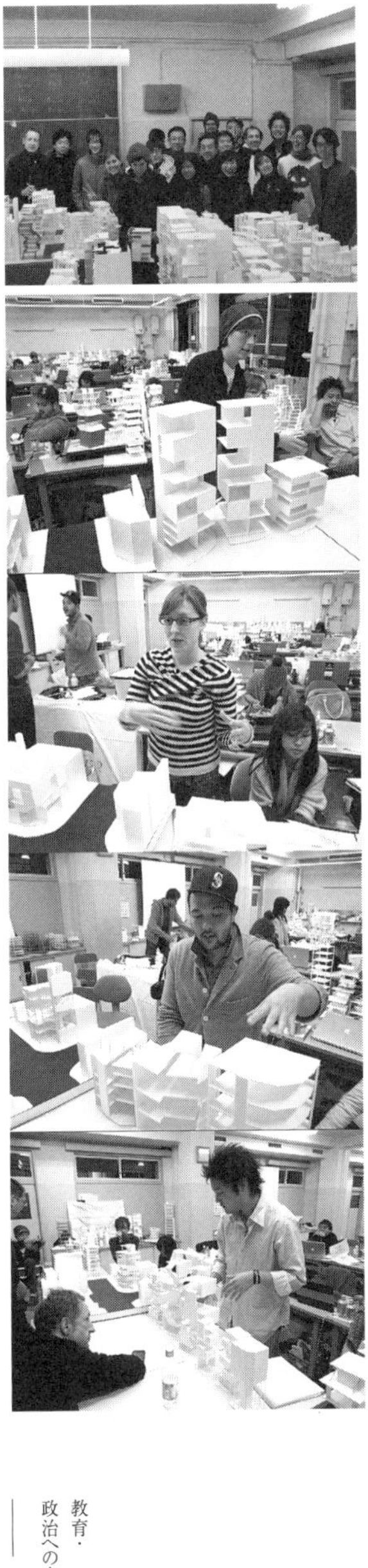

fig.2 ——ブリティッシュ・コロンビア大学での授業風景（二〇〇八）

協働作業への応用——磯崎新「孵化過程」（一九六二）

さて、こうした設計プロセスのイメージを協働作業に応用するにはどうしたらいいのだろうか。一九六二年に発表された磯崎新のインスタレーション「孵化過程」は、ひとつの示唆を与えてくれる。展示室には、東京の明治神宮を中心とした航空写真が貼られたテーブルと脇に釘がたっぷり入ったバケツとハンマー、赤、青、黄の針金とニッパーが用意された。観客はテーブルの任意の位置に釘を打ち、それらを針金で結び合わせることができる。これらは磯崎が構想する「空中都市」の一部となる「ジョイントコア」のメタファであり、釘は垂直動線が収められた巨大な柱、針金はそれらを結ぶ空中の構造体を模したものであった。観客が次々と針金を巻き付け、形態は爆発するように毎日変形していく。

　磯崎はそれを毎日定点観測し、最終日にそれを石膏で固めるパフォーマンスを行った。磯崎によれば、都市の形態はこのようにコントロール不能であり、釘と針金を揃え、二点を結びつける、というルールを与える程度にしかアーキテクトは都市に関与できず、作品とは石膏でそれらの動きを止めた状態のようなものにすぎないが、それをするのがアーキテクトの重要な役割になるはずだ、と高さ制限が撤廃されようとしていた一九六〇年代の前半に予言的に主張していた[fig.3]。

fig.3

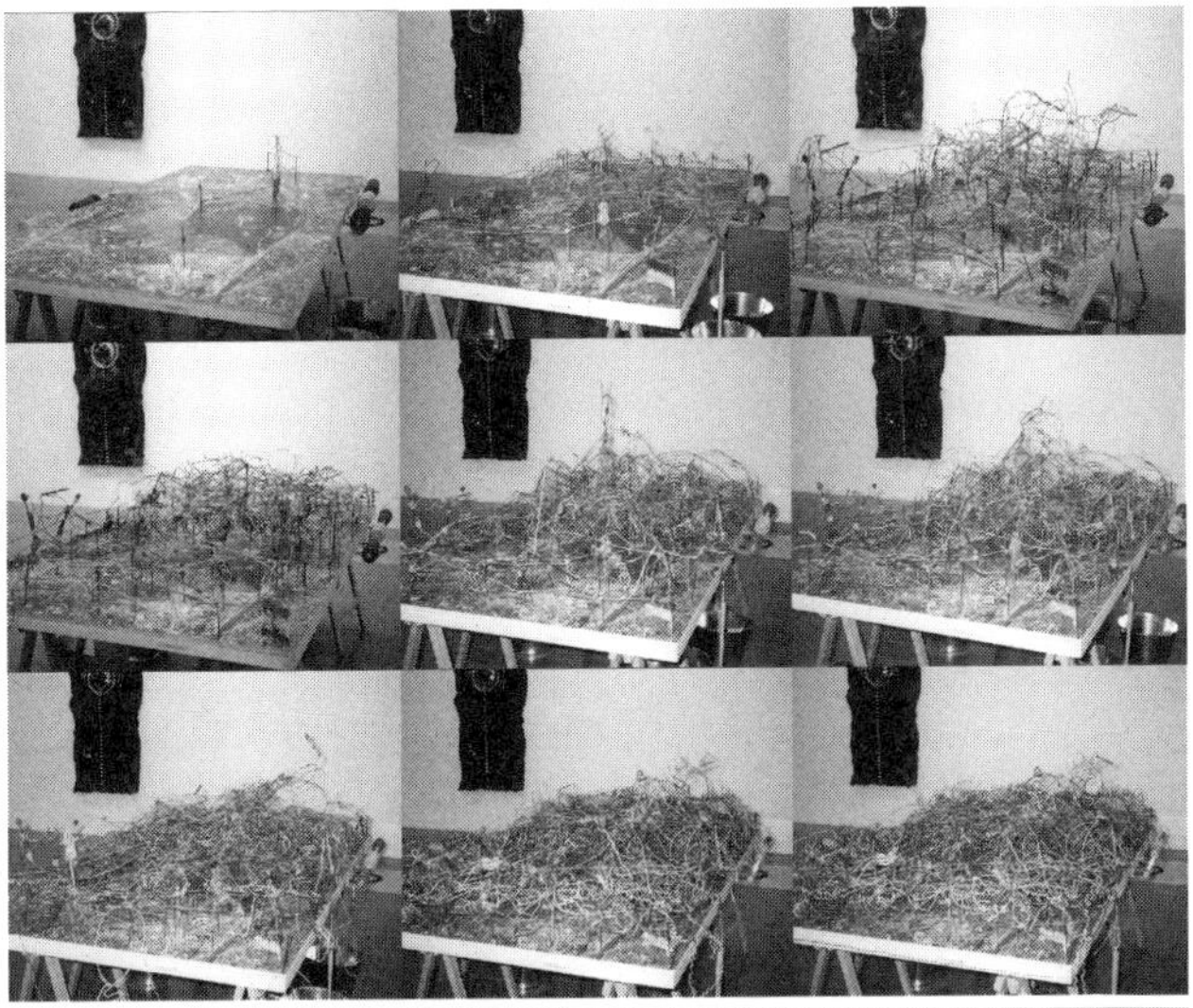

fig.4

fig.3——磯崎新「孵化過程」(一九六二)|提供=磯崎アトリエ||fig.4——磯崎新「海市」(一九九七)|出典=磯崎新『海市』(NTT出版、一九九八)

磯崎新「海市」(一九九七)

それから三五年後の一九九七年に開催された展覧会「海市――もうひとつのユートピア」(NTTインターコミュニケーション・センター)では、「孵化過程」の試みを一歩進めて、情報化、グローバル化した時代の都市像が探求された。特に同年四月から七月にかけての会期中、一二組の作家が一週間ずつ模型制作を担当する企画「ヴィジターズ」で磯崎は「連歌」をコンセプトに掲げ、複数の設計者が時系列的にひとつの模型を引き継いでいくという、都市設計的なモデルを描いた。

実際には後からやってきた設計者が前の設計者のアイディアをあまりよく受け継がず、次第に前のアイディアを破壊するようになり、破壊に次ぐ破壊の果てに、ついに物理的な模型は形を消し、その状況こそが情報化時代の都市である、というアイロニカルな結末を引き寄せる結果となった[fig.4]。

複数の入力と変更履歴の可視化――「海市2・0」(二〇一〇)

破壊的にならず、チームワークによって複数のアイディアを「統合」していくような、構築的で、かつ合理的なプロセスは、インターネットという新たな環境を手にし、新たなコミュニケーションのあり方を経験した現代においても、依然として夢なのだろうか。二〇一〇年一〇月から一一月にかけて開催された展覧会「CITY2.0――WEB世代の都市進化論」で私は、磯崎の承諾を得て、一九九七年の「海市」の方法論に

fig.5

fig.6

fig.5――磯崎新+TEAM ROUNDABOUT「海市2・0」(二〇一〇)|fig.6――「横浜ハーバーシティスタディーズ2011」(二〇一一)

上書きし、発展的に継承することを試みた。オリジナルの「海市」からの変更点のひとつは複数の作家で作業に参加すること、もうひとつは履歴を残しながら作業を進めることである。そのふたつがネット的かつ現代的であると考えた。

五週間の会期にわたって、三組ずつの建築家、アーティスト、デザイナーに海市を更新してもらう。最初はオリジナルのプロトタイプ「海市2・0」からスタートし、各作家に個別に図面と模型を見せ、課題だと思うことをひとつずつ挙げてもらい、それを解決する策をメールで送付してもらう。それを会場でひとつの模型上で統合し、次の三組はその進化の履歴を見ながら次の課題と解決策をそれぞれ提案する。最新案だけでなく変更の履歴がすべて残っていることと、毎回他の二人の提案と模型上でミックスされるように進行していくため、自分の意思だけで全体を変更することはできない。

最終的にできあがった「海市2・5」（最終形）は途中で炎上することも破滅することもなく、一五組のアイディアが全部参加して、ロバート・ヴェンチューリのいう「複雑な全体」に近づいたように見えた。参加したメンバーのひとりである吉村靖孝は「オリジナルより豊かになって少しだけ『住んでもいいかな』と思えるものに近づいた」と述べ、浅田彰は「草食化した若い世代の特徴が出ている」と批評した。［fig.5］

セッションによるフィードバック・ループの導入――「横浜ハーバーシティスタディーズ2011」

「海市2・0」は一五組のアイディアを段階的に積み上げ、複雑なアウトプットを得ることには成功したが、個々の段階では部分的なアイディアを一回限りのメールで受け取り、会場でそれらを単純に加算して載せるだけなので、全体にフィードバックし、ひとつの形態に統合することは設定上難しく、部分的なアイディアの集積に留まっていた。

そこで翌年横浜市の北仲スクールで開催された「横浜ハーバーシティスタディーズ2011」を担当した際には、セッションを通じて全体にフィードバックする仕組みを取り入れ、「海市2・0」の試みをさらに更新しようとした。具体的には一週間の会期を通じて三組のゲスト・アーキテクトが毎日日替わりでやってきて、最新案の説明を受け、それぞれアイディアの提供を行う。提供を受けたホスト・アーキテクトたちはそれらのアイディアを素早くひとつの案にまとめ、セッションしたのち、ひとつの模型を制作する。これを毎日反復するというリズムで五日間繰り返す。敷地は市内の山下埠頭であり、「海市」と同じ海上の敷地であった。

全体を再開発するという設定のもと、四つのグループにより四つのパターンが検討されたが、前述のようなルールのもと作業を進めた結果、最終案は多くのアイディアを内包しつつ、しかもそれぞれのアイディアは互いに関係付けられて、全体としてひとつの都市形態として統合されたと感じられるものが現れた。

セッションによる課題抽出、解決案作成と模型化をセットで行い、定期的に反復することによって、多様な入力を段階的に積み上げる、進化型集団設計の方法論の原型がここに確立した[fig.6]。

公共政策への接続――「鶴ヶ島プロジェクト2012」

「横浜ハーバーシティスタディーズ2011」で手応えをつかんだ集団設計の方法論を、実際の公共政策のコンテクストに応用したのが、東洋大学建築学科の授業の一環として実施した「鶴ヶ島プロジェクト2012」である。東洋大学では二〇一一年から鶴ヶ島市の協力を得て、市内の都市経営上の課題となっている施設等を授業の演習課題用の敷地として取り組む試みを行っていたが、二年目の二〇一二年からはさらに「横浜」の成果を取り入れ、総合的な設計の演習課題としてこれを発展させることとした。

鶴ヶ島市は池袋から急行で四〇分ほど、川越市の少し先にある人口七万人ほどの小さな郊外都市である。そのうち最も東京寄りにある鶴ヶ島駅周辺は、もともと雑木林や農地であったが、一九六〇年代に住宅地として開発され、その住宅地と農地の境界線上に「鶴ヶ島第二小学校」と「南公民館」が隣接して建てられている。両者とも、住宅地の開発に合わせて建設されたため、現在では老朽化が進んでいる。

また、高度成長期に生産人口が大量流入したために高齢化が急速に進行しており、将来的に財政難が予想されるが、施設の統廃合には反発が予想される、という典型的な郊外都市の状況に直面していた。

そこで私は、「学生が行政の公開情報をもとに維持可能な床面積を予測し、公民館機能を複合させ

fig.7

fig.8

fig.9

fig.7 ——「鶴ヶ島プロジェクト2012」(二〇一二) 第一段階の学内ワークショップ|撮影=東洋大学建築学科

fig.8 —— 第二段階のパブリック・ミーティング|撮影=東洋大学建築学科||fig.9 —— 二〇〇分の一模型が並べられた最終パブリック・ミーティング|撮影=東洋大学建築学科

た小学校施設の設計を行う」という設計課題を提案した。行政が緊縮財政を理由に縮小計画を提示すると角が立つこともあるが、学生の課題という前提であればポジティブな実験ができるのではないかと考えた。市の職員は課題作成、会場設定、住民への呼びかけなど全面的に協力してくれることとなった。

プロジェクトは四年生向けの授業の一環として展開された。四月から七月まで合計一五回の授業のうち、「鶴ヶ島第二小学校」六四〇〇平方メートルと「南公民館」二〇〇〇平方メートルを合築し、多機能化させたうえで面積を七〇％程度に縮小し、複合施設六〇〇〇平方メートルとして生まれ変わらせるというとても現実的な課題に取り込んだ。

手法［1］五〇〇分の一模型を用いた検討――スイスに倣う

まずは学内でグループを組ませ、設計を開始したが、このとき検討模型の縮尺を五〇〇分の一に統一した。スイスでは公共施設の設計者選定に関して必ず住民投票を行うということが制度化、その際に図面だけでなく模型も提出することとなっており、その際の模型の縮尺が五〇〇分の一に統一されているのだという。コンペにエントリーする設計事務所はコンペの主催者から周辺模型を購入し、そこに自分たちの提案する建築部分の模型をはめ込んで提出する。

五〇〇分の一の模型は建築のディテールがぎりぎり想像できる大きさで、かつ周辺のコンテクストが理解できる、いわば都市と建築の接点となる縮尺であると言える。日本の教育現場では巨大模型が流行しており、卒業設計展などでも一〇〇分の一や五〇分の一などの巨大な模型が持ち込まれ、インテリアにばかり関心が集中しているが、ここでは議論を社会に開くという意味で全体像の把握や都市との接続が重視されるスイスの縮尺に倣うことにした。

そしてまずは大学の中でワークショップ形式のエスキスを行った。学生が他の学生の提案に対して付箋《ふせん》を用いて相互批評を行う。これまで授業では徹夜で図面や模型を作成することが多いために、自分の順番が終わったら居眠り、ということも多かった。ここでは、人の提案に対して付箋でコメントをつけ、相互批評を行い、それをもって自分の提案を説明する訓練とし、さらに投票を行って他人の案を選ぶ/選ばれるという関係を作った。授業中に居眠りする者がいなくなり、他人の作業に関心が高まる効果があった[fig.7]。

手法[2]ミーティングを反復し、プロセスを蓄積する

—

全期間の三分の一が経過する頃、第二段階として、外へ出てパブリック・ミーティングを開始した。パブリッ

ク・ミーティングは二週間に一回鶴ヶ島第二小学校の空き教室を会場に開催され、全一七チームのうち上位九チームが来場者の前でプレゼンを行い、一回目の直接投票を行う。そこでの上位四チームがワークショップへ進み、直接詳細な説明を聴いたり、質疑応答を行う。そして最後に決選投票を行い、その日の一位を決定する。

大学の課題の一環として地域のなかに敷地を設定し、提案を作成して住民の前でプレゼンテーションする試みそのものは決して新しいものではなく、これまで東洋大学でも川越市や朝霞市でそのような試みが行われてきた。しかし、学生が自分たちだけで考えて提案する内容は、それがどんな予備調査に基づくものだとしても、地域の住民にとってリアリティのある内容へ高めることは難しく、「学生さんは元気があっていいですね」というやや皮肉めいたコメントをありがたく戴いて終わってしまうことも多かった。これは学生だけでなく、建築家が地域に入って何かを提案しようとしたり、大学と企業が連携しようとする際にも同じことが起こる。

そこでここでは、こうしたパブリック・ミーティングを二週間に一回、合計五回にわたって定期的に繰り返すこととした。毎回のパブリック・ミーティングは一四時から一六時までの二時間とし、前半一時間で発表と予備投票、後半一時間でディスカッションと最終投票を行う。慣れるとコンパクトに終えることができる。

参加者は鶴ヶ島市市民協働推進課を通じて地元の「地域支え合い協議会」のメンバーを中心に声を

かけ、初回は鶴ヶ島第二小学校の校長先生や南公民館の館長も加わり二〇人ほどが集まり、回を重ねるごとに鶴ヶ島市の他の部署の職員、市議会議員、そして市長が加わり、さらにまちづくりに取り組むNPO職員や他市からの視察が加わっていった[fig.8]。

手法［3］模型を時系列順に並べる

最初は提案の内容を簡潔に伝えられない提案者たちと、「耐震性はどうなるのか」「耐久性はどうなるのか」と技術的な質問ばかりに集中してしまう来場者たちとのあいだに生じたコミュニケーションのギャップも、回数を重ねるうちに両者がお互いの意図するところを汲み取れるようになっていった。「技術的なことは専門家が必ず解決してくれますから、新しい施設で自分たちがやりたいことを教えて下さい」とお願いすると、「こういう活動ができるんじゃないか」「そもそもどんな街をめざすべきか」と、議論は次第にポジティブなものとなり、提案者側も来場者の言葉の裏にあるニーズを汲み取り、要求に応えるだけでなく新しい建築の提案を積極的に仕掛けるようになっていった。

ここでは、毎回すべての模型が同一縮尺で制作されることで複数案の比較が容易になり、またそれらがそれまでのプロセスとともにプレゼンテーションされることで毎回の議論の成果がログのように残され、話題が拡散しすぎることなく議論を確実に蓄積することができ、回を重ねるごとに来場者が入れ替わっても過去の成果をわかりやすく共有することができた。最終回となる第五回では最終模型が二〇〇分の一で制作され、九つの模型がずらりと並べられた会場には、イベントとして独特の祝祭性がもたらされた。これまでと異なるのは、模型が設計チーム内部での情報共有のツールだったのが、発信のメディアとして用いられたことである。大きな会場に場をつくり、祝祭を与え、課題を見えるようにする建築模型の力は大きい[fig.9]。

手法［4］展示する

大学の設計課題としてスタートしたプロジェクトはその後、行政の公共政策として発展させるために、いくつかの仕掛けを施していった。最初に仕掛けたのは鶴ヶ島市役所での展覧会とシンポジウムである。五回にわたるパブリック・ミーティングで議論がいくら盛り上がったといっても、鶴ヶ島のひとつの地区での出来事に過ぎず、市民はおろか、市の職員や議員のあいだでも成果を共有できているとは言えなかった。

　そこで職員と作戦を練り、まず市役所のエントランスロビーを借りて二〇一二年九月三日から一四日まで約二週間の展示を行った。市役所の中で、例えばどこかの会議室で展示を行っていると言ってもなかなか注目を集めることは難しいが、エントランスという動線の要であれば市民や職員、議員が全員通る。そこで模型とパネルで五回のパブリック・ミーティングでの成果を展示した[fig.10]。

一〇メートル四方の会場では最終成果物の九つの二〇〇分の一模型が手前側に一直線に並べられ、その奥に五〇〇分の一のプロセス模型が時系列順に並べられた。模型の迫力は人々の関心を惹き付けるのに十分で、昼休みには参加した学生たちがギャラリートークを行って、プロジェクトの背景やプロジェクトの内容について少しずつ理解を求めた。展覧会の会期は市議会の開催期間に合わせていたので、議員の皆

fig.10

fig.11

fig.12

fig.13

答えを探す 2012総選挙 6

老いる街 古い施設

改築や補修費 財政を圧迫

優先順位つける必要

fig.10――鶴ヶ島市役所ロビーに展示された模型|撮影＝東洋大学建築学科

fig.11――鶴ヶ島市役所ロビーで開催されたシンポジウム|撮影＝東洋大学建築学科||fig.12――渋谷ヒカリエに展示された模型|撮影＝東洋大学建築学科

fig.13――「鶴ヶ島プロジェクト2012」を報じる新聞|出典＝「朝日新聞」(二〇一二年一二月一二日朝刊社会面)

さんにも見てもらうことができた。

最終日の九月一四日には藤縄喜朗市長のほか、経済学者で公共施設マネジメントの専門家である根本祐二、建築家の工藤和美など専門家を招いてプロジェクトを振り返るシンポジウムを行った。シンポジウムは議員の皆さんが参加しやすいよう一般質問の最終日の金曜日の夕方に設定されていた。平日夕方という参加しやすい時間帯であったこともあり、シンポジウムを遠巻きに眺めている職員も多かった[fig.11]。

手法[5] 展覧会を巡回させる

―


鶴ヶ島市役所での展示から三カ月後、今度は渋谷ヒカリエへ巡回することになった。渋谷ヒカリエには商業施設と業務施設に挟まれた八階にギャラリースペース「8/」がある。担当者が都市計画分野の出身だったこともあってプロジェクトの趣旨や新規性を素早く理解し、「ぜひやりたい」とスケジュールをわざわざ調整してスペースを貸して下さった。

オープニングには鶴ヶ島から藤縄市長も駆けつけ、参加した学生がギャラリートークを行い、期間中にジャーナリストの津田大介や建築家の内藤廣などゲストを招いてのトークイベントを開催するなどして積極的に情報発信した結果、一二月三日から八日までの六日間で三六〇〇人もの見学者を動員することに成功した[fig.12]。

ヒカリエで展示を行ったことで良かったことは、プロジェクトの取り組み内容が中央のメディアにまで届いたことである。それまではテレビや新聞が鶴ヶ島でのパブリック・ミーティングやシンポジウムの様子を取材してくれたとしても記事となると地方面の一部に「学生が公共施設を提案」と小さく掲載されるに留まっていた。背景も含めて積極的な紹介をして下さる記事もあったが、ひとつの地方での、単なる大学のイベントのような捉えられ方をされてしまうことも多かった。公共施設老朽化という全国共通の課題に対して市民を巻き込んでこれに取り組むプロジェクトの新しさがなかなか届かないもどかしさがあった。

展示終了後すぐの二〇一二年一二月二日、まず朝日新聞が全国版の社会面で採り上げた[fig.13]。衆議院総選挙の論点のひとつとして公共施設老朽化を採り上げ、鶴ヶ島の取り組みを先進的事例として紹介してくれた。ちょうど笹子トンネルの天井板崩落事故が起こり、インフラ老朽化に対して社会的に関心が高まっている時期であった。

その後もNHKの「おはよう日本」が採り上げ、建築専門誌も含め多くのメディアが鶴ヶ島へ取材に訪れるようになった。当初は「自分たちの街は貧乏だから施設を縮小しなければいけないのだろう」という声もあったが、多くのメディアで先進事例として採り上げられ、雑誌の表紙になるなどメディア露出が増えるうちに少しずつポジティブな空気が共有されていった。公共施設再編の現場を新しい議論の場として捉え、ポジティブな雰囲気を醸成するために、模型を用いた場のデザインがメディアで果たした演劇的な役割は小さくない。

中心市街地再開発への応用——「大宮東口プロジェクト2013」

このように鶴ヶ島市ではパブリック・ミーティングが大きく盛り上がってきたが、自治体の規模に依存するのではないかという声もあった。また、この方法を異なるコンテクストで応用してみたいとも考えていた。そこで二〇一三年度は埼玉県さいたま市の大宮駅東口を舞台に「大宮東口プロジェクト2013」をスタートさせた。鶴ヶ島市は人口七万人の郊外都市だが、さいたま市は一二〇万人の政令指定都市であり、規模が大きく異なる。

さいたま市は東京近郊のベッドタウンとして発展し、現在も若い世代のあいだで人気が高く、人口の流入が続く東京郊外の衛星都市の性格を持つ。同時に、大宮駅は東北・上越新幹線の分岐点でもあり、県内随一の交通の結節点となっており、広域から人が集まる拠点でもある。大宮駅東口ではバブル期に再開発が計画されたものの、話がまとまらず不調となっていたが、商店街の老朽化が進んできたことに加え、再開発に成功した西口やさいたま新都心との対比も強まっていた。東日本大震災を経て危機感を募らせた商店主らは協議会を立ち上げ、勉強会を開催するなどして再開発の気運をふたたび高めようとしていた。

大宮駅東口から徒歩三分ほど、駅前から伸びる中央通りと氷川神社へ向かう氷川参道の交点に大宮区役所と大宮小学校が隣接して建っている二万六八〇〇平方メートルほどの土地がある。区役所、小学校ともに老朽化が進んでおり、区役所は東日本大震災の後で移転が決定、小学校も周辺校への統合も含めて将来像が模索されていた。

地元からは大宮以外のエリアからも集客するような施設の誘致が望まれていたが、市としては公共施設の再編による行財政改革を進める方針を打ち出しており、新規施設の原則中止、一五％の総量削減が目標として掲げられていた。

そこで私たちはさいたま市の再編計画に則り、大宮小学校および周辺にある公民館、老人福祉施設等の複数の施設を統合した地域の拠点としての学校施設六〇〇〇平方メートルと、周辺からの来街者を増やすような広域交流拠点施設(内容および規模は六〇〇〇平方メートルを基準として自由提案とする)をプログラムとした再開発計画を作成、提示することにした。今回は東洋大学のみならず東京藝術大学との合同課題とし、両校合わせて一六チームが、さいたま市大宮駅東口まちづくり事務所、一般社団法人大宮駅東口協議会(OEC)の協力を得て五回のパブリック・ミーティングに臨んだ[fig.14]。

パブリック・ミーティングは二〇一三年四月から二週間に一回開催され、五〇〇分の一模型を用いる、最初にプレゼンを行い、選ばれたチームがワークショップへ進む、というように、「鶴ヶ島プロジェクト」の形式がそのまま踏襲された。今回から来場者投票では一般来場者／さいたま市職員、およびさいたま市内からの来場者／市外からの来場者など、属性を区別して集計できるようにし、ニーズの分析に役立てられた。

変化する住民の要求と提案の形態の動的な関係

地元協議会ではもともと国際会議場の誘致、観光バスの発着が行えるバスターミナルの設置、ホテルの設置などが提案され、大手組織設計事務所による検討やパースの作成等も行われていた。容積率は現況で一〇〇％前後しか利用されていなかったが、再開発計画では基準容積率四〇〇％から緩和を前提とした七〇〇％まで幅広く検討されていた[fig.15]。

パブリック・ミーティングでの来場者アンケートの記入内容をみると、当初はどのような機能を導入するかが最も重視されているが、回数を重ねるうちに次第に動線や周囲との関係、設計コンセプト、やがて建築の設計が具体化するに従って規模や景観になるなど徐々に重視する内容が変化していくことがわかる。

fig.14——「大宮東口プロジェクト2013」最終パブリック・ミーティング｜撮影＝東洋大学建築学科｜fig.15——最終一六案｜撮影＝東洋大学建築学科

fig.14

fig.15

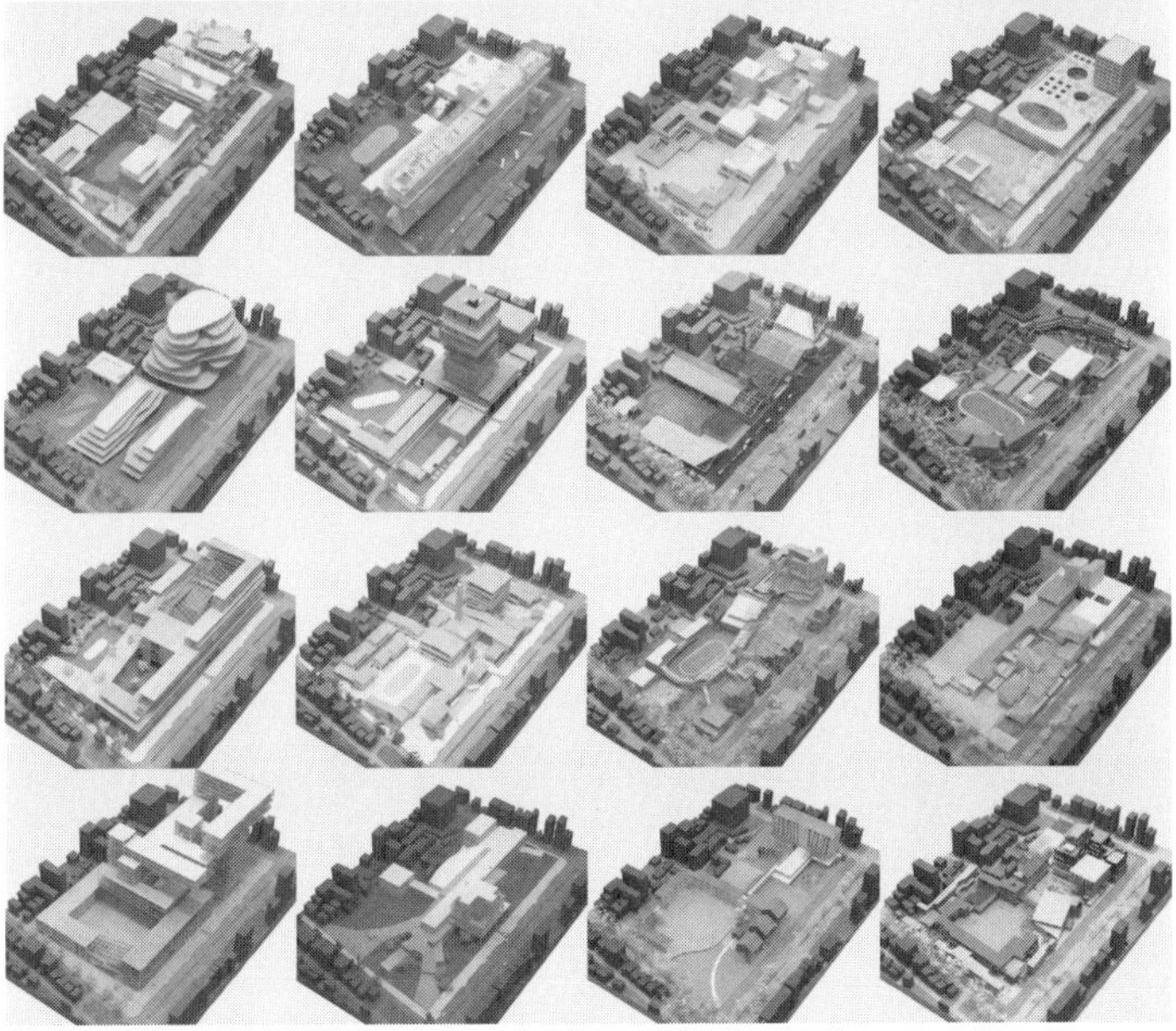

提案は機能の検討が進むにつれ現況の床面積程度の一〇〇％程度の利用のものから基準容積率である四〇〇％を超えるものまで、提案の幅が生まれるようになった。当初は高度利用を望む声も多かったが、途中から街の中で低利用地が残される価値や床面積の維持管理費についての認識が共有されると、次第に低容積型の提案への支持が高まり、最終的に一位となった。

このように同プロジェクトは パブリック・ミーティングを重ねることで機能、規模とも曖昧だった再開発の方向性を一六通りの具体的な施設計画として整理し、可視化することに成功した。行政や地元住民に明快な将来像やそれに基づく要求があり、それに近づくように提案が行われたのではなく、提案の内容を受けて要求も変わっていくような動的な関係が両者のあいだに見られた。複数回にわたって複数案を比較するというパブリック・ミーティングの持つ継続性、並列性が、最初から特定の人の声に引っ張られることなく、多数決によって陳腐化することなく、動的でアクティブな議論の場を実現できたことに大きな手応えを感じた。

プロジェクトはその後、鶴ヶ島プロジェクトと同じように情報発信への取り組みが行われた。まず再開発が予定されている地区の一角にあるデパートの一階の空き区画で展示が行われた。ギャラリートークのほか、清水勇人市長を招いたトークイベントも行われ、その後さらに東京藝術大学の大学美術館陳列館に巡回した[fig.16]。

二〇一三年度の盛り上がりをうけ、二〇一四年度は「さいたま市民会館おおみや」の再開発ビルへの移転をにらみ、老朽化した市立博物館の移転を核にした観光拠点施設「おおみやミュージアム構想プロジェクト」と、老朽化したサッカー場「NACK5スタジアム大宮」と県営大宮球場の拡大を想定した県立大

fig.16——大宮中央デパートでの展示｜撮影＝東洋大学建築学科｜fig.17——「大宮東口プロジェクト2014」｜撮影＝東洋大学建築学科
fig.18——「まちラボおおみや」オープニング（二〇一四年七月二四日）

fig.16

fig.17

fig.18

宮公園の改修構想「おおみやこうえん・プロジェクト」が提案された[fig.17]。

二〇一三年度から継続してさいたま市大宮駅東口まちづくり事務所、一般社団法人大宮駅東口協議会(OEC)にご協力頂いたほか、さいたま市からは大宮区役所新庁舎建設準備室が加わり、さらに埼玉県大宮公園事務所、大宮アルディージャおよびアルディージャ後援会の協力も得ることができ、プロジェクトはさらに発展を遂げることとなった。二〇一五年度以後も敷地やプログラムを変え、大宮東口エリアを対象とした提案が継続的に行われて行く予定である。

二〇一四年七月二四日には大宮駅周辺地区の将来像を継続的に研究し、情報発信するための常設の展示施設として「まちラボおおみや」がオープンした。商業施設の一角に施設運営者の提供によりスペースが設置され、地元関係者、行政関係者、学識経験者が一体となって運営にあたることとなった。オープン記念展示として「大宮東口プロジェクト2014」が展示されることとなり、今後、「まちラボ」を舞台に産官学が一体となって多様なプロジェクトが展開される予定である[fig.18]。

実施設計への応用——「鶴ヶ島・未来との対話プロジェクト2013」

他方、鶴ヶ島市では二〇一二年度の盛り上がりを受け、実施を前提としたプロジェクト「鶴ヶ島・未来と

fig.19

fig.20

fig.19——「鶴ヶ島プロジェクト2013」パブリック・ミーティング（第一回）｜撮影＝東洋大学建築学科｜fig.20——パブリック・ミーティング（第四回）｜撮影＝東洋大学建築学科

の対話プロジェクト２０１３」が始まった。「鶴ヶ島プロジェクト２０１２」の対象であった鶴ヶ島第二小学校に隣接する場所に、二〇〇五年の工場閉鎖以来遊休地となっていた養命酒製造株式会社の工場跡地があり、東日本大震災後に設けられた太陽光発電の定額買い取り制度の導入を受けて二〇一三年七月に「養命酒鶴ヶ島太陽光発電所」が設置されていた。

縮小が進む郊外の遊休地とはいえ、住宅地に隣接する土地で大規模太陽光発電を行う事例は少なく、周辺の住民との良好な関係を維持したいという養命酒の意向もあり、地域に還元する施設として、再生エネルギーに関する環境教育を行ったり、非常時の災害拠点機能をもった環境教育施設「eコラボつるがしま」の設置が企画された。市民協働による地域活性化を模索する鶴ヶ島市としてもこれを歓迎し、地域との協働による設計を行うために東洋大学に協力依頼があった。

東洋大学ではこれを受け、大学院生が中心となった「東洋大学ソーシャルデザインスタジオ」を設置し、設計教育の実習の一環としてこれをカリキュラムに組み込んだ。当初の要求は、［1］敷地面積を五〇〇平方メートル未満とすること、［2］建築本体を一八〇平方メートル程度とし、展示用と講義用の二室を設けること、［3］敷地形状は特に指定なし、というように漠然としていた。大学院生を中心としたメンバー一〇名が設計を担当し、設計案の検討が開始された。

当初は一〇〇分の一模型を用いて、一〇人が一〇通りの案を作成するところから設計をスタートし、パ

fig.21

fig.22

fig.23

fig.21——初期一〇案(第二回)||fig.22——類型化された三案(第三回)||fig.23——統合された最終案(第四回)|撮影=東洋大学建築学科

ブリック・ミーティングに臨んだ。一〇通りの案を来場者に向けてプレゼンテーションし、意見交換を行った後、投票を行う。それを五回繰り返した[fig.19-20]。

民主主義のかたち――多数決か包摂か

初回は無難でおとなしい案が一位となったが、第二回になると議論に慣れてきて、「他にない施設だからそのへんにあるようなものじゃ困る」とインパクトのある案が支持を集めるようになり、特徴的な大屋根を持つ案が一位となった。しかし、結果をよく見ると、ヴォリュームを小分けにし、半外部の空間やベンチ等を持つ優しげな表情を持つ案が二位に選ばれていた。

このような投票結果から、オリジナルな形態を求められつつも、親しみやすい仕掛けが欲しい、というような要求の広がりが見えてくる。投票結果を見るときには最多得票のものだけをみるのではなく、票の集まり方をみながら結果の背後にあるメッセージを注意深く読み取り、なるべく多くのニーズを汲み取ろうとした。

fig.24――竣工した「鶴ヶ島太陽光発電所 環境教育施設」(二〇一四、設計:工藤和美+藤村龍至/東洋大学ソーシャルデザインスタジオ)|撮影=太田拓実

fig.24

第三段階ではそれらの一〇案から共通する特徴を持つものをタイポロジーとして三つに分類し、それぞれを、[1]原初的な学びの場としての象徴性を強調した「教会型」、[2]前に広場を持ち、発電所の管理施設としてのゲート性を強調した「駅舎型」、[3]ベンチやヒューマンスケールの軒と通路など親しみやすいスケールを強調した「路地型」とし、パブリック・ミーティングに臨んだ。

今回は試みとして、三案に対して見積図を作成し、投票結果とともに見積額の公開を行った。結果は目標額の教会型一三三%、駅舎型一三八%、路地型一四二%と大幅に上まわり、面積の大幅な縮小を含む設計案の変更を求められた。二部屋を一部屋にする、キッチンやトイレ等の設備を最小限とする、人気の高い半外部空間はパーゴラ等とする、などの見直しを行い、最終案の作成を行った。最終案は教会の象徴性、駅舎のゲート性、路地の親密性を兼ね備えたものとし、床面積は圧縮しつつも、設計内容としては濃密なものに高められた。

一〇案からスタートした設計は三案、一案と段階的に統合され、最終案は多様な側面から評価できるものとなっていた。こうした案の作り方は、多数決ではなく包摂を旨とした民主主義のあり方を建築的に示すものとなった[fig.21-24]。

理想の設計環境を作り四〇〇〇票を集める——「あいちプロジェクト2013」

包摂と言っても、繰り返し開催されるパブリック・ミーティングの場に毎回集まって下さる方々はどうしても

fig.25

fig.26

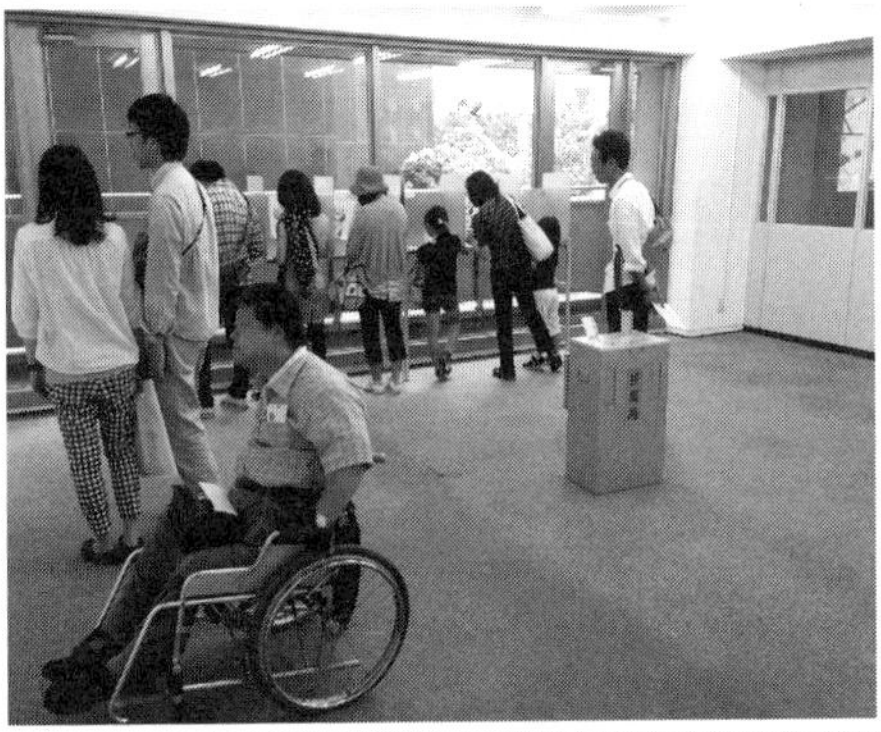

fig.27

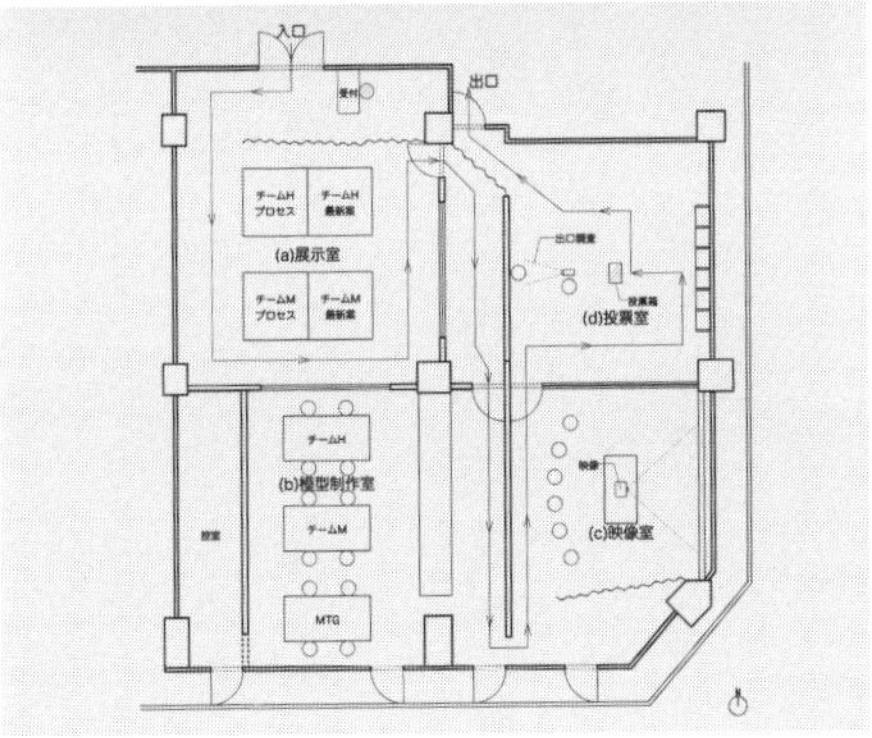

fig.25——「あいちプロジェクト2013」会場風景｜撮影＝菊山義浩‖fig.26——投票室｜撮影＝著者‖fig.27——会場プラン

偏りがちであり、まちづくり活動一般の課題になっている。一連のデザインプロジェクトでは多彩なメディア発信によってこれを乗り越えようとしてきたが、そこへ建築批評家の五十嵐太郎より「あいちトリエンナーレ２０１３」への参加の打診を受けた。「新しい国土計画の設計室」という課題を提示されたこともあり、アートの枠組みを用いて大学とは異なる社会実験を行うチャンスと捉え、建築の理想的な設計環境をつくろうと考えた。

会場は名古屋市の中心市街地である栄と伏見のあいだに位置し、メインストリートである広小路に面したオフィスビル「中央広小路ビル」の二階の一室を与えられた。もともと塾に使われていたというそのスペースは、天井は高くないが間仕切りで四つのスペースに区切られ、間仕切りの一部はガラスとなっており、区切られたスペースは互いの様子が見えるようになっていた。

そこでここでは、四つの部屋を〔1〕二つの案をプロセス模型とともに展示する「展示室」、〔2〕設計チームが模型制作や打ち合わせを行う「模型制作室」、〔3〕他のプロジェクトの紹介やパブリック・ミーティングを行う「映像室」、〔4〕二案を比較して投票を行う「投票室」とし、一方通行で順番に回る展示構成とした。

案を直接プレゼンして比較し、ワークショップ等で意見交換する「鶴ヶ島プロジェクト」や「大宮東口プロジェクト」のようなイベント型の場合、多くの人をイベントに集中させ、ひとつの会場で大量の案を同時に提示することでインパクトをつくることができるが、その分イベントへの動員数には限りがあり、多くて一〇〇名、少ないと二〇名程度となる。展示型の「あいち」では最小限の比較として二案を提示することとし、二カ月の間展示し続けることで、できるだけ多くの人に見てもらおうと考えた[fig.25-27]。

演劇的な効果

設計する対象は、道州制導入をにらんで大都市の権限強化を行うとする大村秀章愛知県知事の中京都構想にからめ、愛知県と名古屋市が「東海州」と「中京都」に再編成され、愛知県庁舎と名古屋市役所の前に東海州庁舎と中京都庁舎が建設されるという想定で、両庁舎の設計を行うこととした。「あいちプロジェクト2013」と名付けたそのプロジェクトには地元学生を公募してチームを組み、二名のチーフのもとに二週間ごとにメンバーを入れ替えながら二案の設計を進めていくこととした。

二案はチーフの氏名の頭文字をとってH案、M案とし、中心を強調する、抜けを強調する、などのファースト・インプレッションをベースに制作した初期案を展示、来場者にそれらを提示して投票をしてもらう。投票用紙には自由記入欄があり、そこに案を選んだ理由や両者を比較した批評も記入してもらう。

設計チームはそれを毎日開票し、票数の集計と自由記入欄のコメントの内容の分析から翌日の設計内容を検討する。それを約二カ月、八週間にわたって毎日繰り返した。

期間中、得票数はどんどん伸びていき、最終的に八週間で四六二二票の回答を得ることができた。「そもそもの趣旨に反対だ」「どちらも選べない」などのネガティブな反応も散見されたが、九割の来場者はふたつの案を比較しながら熱心に感想を記入してくれた。得票数が増えると多数派の意見よりも少数派の意見が前景化し、案の発展のきっかけにしやすい、という特徴がある。いつもは一〇票や二〇票の違いを読み取って案を更新していたが、四六〇〇票の意見をもとに案を更新する経験は特別なものとなった。

投票室には選挙管理委員会から本物の投票箱と記入台を借りてきて設置した。通常、ワークショップやトークイベント等でアンケート記入をお願いしても回収率はあまり上がることはなく、ましてや美術展の会場ではなおさら難しい。インタラクティブアートの場合、観客に参加してもらう必要があるが、操作が難しいと感じると観客は素通りしてしまう。しかしここでは動線の最後の部屋にリアルな投票箱があることで、何となく投票したくなってしまうという、演劇的な動員の効果を感じることとなった[fig.28-30]。

プロジェクトの進化──行政と大学の連携による本格的な展開へ

以上のように、設計事務所内部のコミュニケーションの方法として確立した「超線形設計プロセス」は、展覧会、設計教育、展示、ワークショップへと応用されながら、徐々に発展してきた［表1］。それは個別のデザインプロセスだけがデザインされているのではなく、ある試みが次の試みのヒントとなり、フィードバックを繰り返すというかたちでプロジェクトそのもののデザインプロセスでもあった。

fig.28

fig.29

fig.30

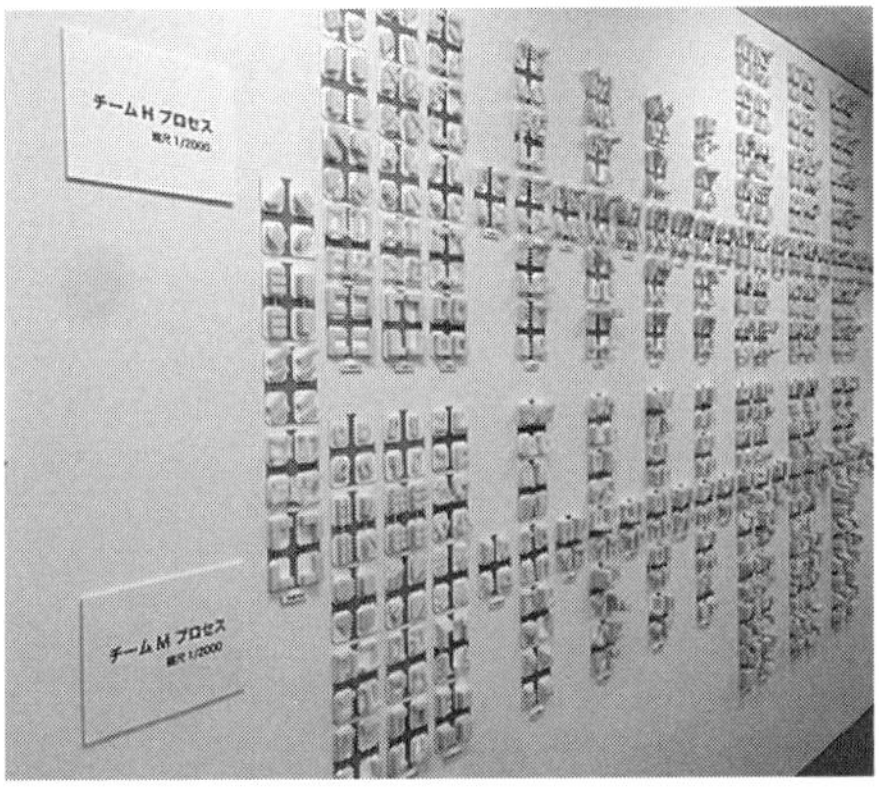

fig.28——公募されたデザインチーム｜fig.29——毎日の開票風景｜fig.30——進化したふたつの案

表1——「超線形プロセス論」の集団設計への応用と進化（二〇一〇-）

超線形プロセス	二〇〇七-	模型履歴
海市2.0	二〇一〇-	模型履歴+複数
横浜ハーバーシティスタディズ	二〇一一-	模型履歴+複数+セッション
鶴ヶ島プロジェクト	二〇一二-	模型履歴+複数+セッション+投票
大宮東口プロジェクト	二〇一三-	模型履歴+複数+セッション+投票+項目別質問
鶴ヶ島・未来との対話プロジェクト	二〇一三-	模型履歴+複数+セッション+投票+項目別質問+統合
あいちプロジェクト	二〇一三-	模型履歴+複数+セッション+投票+項目別質問+統合+連続

鶴ヶ島プロジェクトや大宮東口プロジェクトの成果は、その後専門誌のみならず多くのメディアに採り上げられ、少しずつ力を増している。

鶴ヶ島市では二〇一三年一二月末、正式に市から公共施設再編計画が発表された。インフラマネジメントのための全体計画を、オープンプロセスによって実施していくことが発表されたのである。翌年二月から三月にかけて意見交換会が開催され、市の職員が総出となって市内五カ所同時にワークショップ形式の意見交換会が行われた。それまで架空のプロジェクトで実験的に取り組んできたことが行政主体の実施プロジェクトへとステップアップすることとなったのである。さらに二〇一四年七月、鶴ヶ島市と学校法人東洋大学とのあいだで「相互連携協力に関する基本協定」が締結され、大学が市の事業に正式にかかわることとなった。これまでのプロジェクトの蓄積によって得られた知見が今、公共政策へ本格的に応用されようとしている。

ソーシャル・デザインで都市を書き換える——ニューヨークというお手本

これらの一連のソーシャル・デザインプロジェクトだが、そのお手本のひとつは、二〇〇二年から二〇一三年までマイケル・ブルームバーグが市長を務めたニューヨークであろう。ニューヨークは、二〇〇一年に同時多発テロを経験し、二〇〇五年と二〇一二年に台風による高潮の被害を二度にわたって受けるなど数々の困難に直面したにもかかわらず、人口が増加し、生産額も上昇、世界から人もマネーも集まるグローバルシティとして見事な復活を果たした。

ブルームバーグが最も力を入れた政策のひとつは都市計画だった。都市計画家のアマンダ・バーデンなど外部から積極的に若く実力のある専門家を都市計画局長などの重要なポジションに迎え入れ、市域の四〇%のゾーニングを書き替えるなど大胆な政策を実行した。都市スケールだけでなく、タイムズスクエアの改修や高架貨物線跡地であるハイラインのオープンなど、歩行者空間を拡大し、しかもそれらを単なる改修に留めず、実力のある内外のデザイナーを積極的に起用し、ニューヨークの新しい都市イメージを生み出すことに成功した。

このように、ヒューマンスケールで歩行者空間の拡大や緑化など、人々が支持しやすい施策を実行して、支持を取り付け、都市スケールで大胆な改造を行う手法は高速道路の撤去を行い、清流を復活させ人気を高め、ザハ・ハディドによるデザインミュージアムを誘致したイ・ミョンバク市長(当時)による二〇〇〇年代のソウルや、都市公園と「マリーナ・ベイ・サンズ」という巨大ショッピングモールを同時に開発した近年のシンガポールでも行われており、グローバルシティ経営のひとつの定番となりつつある。

しかし、日本の不安定で流動的な政治的状況を鑑みれば、ソウルやシンガポールよりも、巨大な硬直した官僚組織を抱え、人種問題など複雑な社会状況を背景に常に政治的に公正な姿勢が求められるアメリカ社会で先鋭的な政策を実行したニューヨークの手法こそが手本となるだろう。

鶴ヶ島市やさいたま市でのプロジェクトはまだ始まったばかりであるが、インフラマネジメントや成長戦略など、全体計画を視野に含んだ網羅的な施策へと繋がろうとしている。非営利職能団体(=大学)によるビジョンの供給、展覧会による啓発、公聴会による積極的な意見交換など、手法のレベルでも共通点も多い。これまでのプロジェクトで試みられたようにプロセスのデザインを重視して議論を丁寧に蓄積し、情報発信を繰り返し行うならば、その波及効果はより大きく、力強いものになるだろう[fig.31-32]。

fig.31

fig.32

fig.31 ――ブルームバーグ・ニューヨークの成果[1] タイムズスクエア|撮影=著者
fig.32 ――ブルームバーグ・ニューヨークの成果[2] ハイライン|撮影=著者

［第7章］新しい都市設計の原理——列島改造論2・0へ向けて

Chapter 7

『日本列島改造論』のアップデート

本書ではこれまで、情報化時代の建築のあり方、建築家の役割の変化への考察から「批判的工学主義」なる立場を主張し、その方法論である「超線形設計プロセス論」の提示、そしてそれらの建築プロジェクトへの応用、教育や政治への応用の試みを紹介してきた。それは一九九五年以後という時間からスタートして、一九二〇年以前までを遡り、日本という空間での固有の歴史を「アーキテクチャ」という概念を通じて捉え直す試みであった。その視点は、未来の日本をどのように描くことができるだろうか。そして未来の設計者である建築家の姿は、いかに描かれるだろうか。

ここでは、田中角栄の『日本列島改造論』をひとつのモチーフとして、未来の日本、およびアーキテクト像の素描を試みたい。これまで見てきたように田中は日本戦後建築史上最も有名なアーキテクトと捉えることができ、田中の描いた列島改造のコンセプト――国土全体に総合的な交通ネットワークを張り巡らせて一日行動圏とし、太平洋側に集中していた工業を全国に再配置し、都市と農村の格差を解消する――は、その出版から四〇年を経て新幹線が青森と鹿児島に到達し（二〇一一年）、さらに北海道へ到達しよう（二〇一六年予定）とするなかでようやく完成を迎えつつあり、同時に日本の総人口が今後、長期の人口減少プロセスに入るとされ、グローバル社会の到来により産業転換が模索されるなかで、次のヴィジョンが求められつつあるからである。

国土計画を一人称で語る

田中の『列島改造論』は「明治一〇〇年」にあたる一九六八年をひとつの転換点として、明治維新以後の一〇〇年間の政治体制を刷新するという時間感覚で描かれている。田中は一九四七年、新憲法下で行われた第一回の総選挙で衆議院議員に初当選して以来、議員として国土開発の政策づくりに精力的に取り組んだ。

表1――全国総合開発計画（概要）の比較｜国土交通省ホームページ資料をもとに作成

名称	閣議決定	策定時内閣	目標年次	開発方式等
全国総合開発計画（全総）	一九六二年	池田内閣	一九七〇年	拠点開発構想
新全国総合開発計画（新全総）	一九六九年	佐藤内閣	一九八五年	大規模プロジェクト構想
第三次全国総合開発計画（三全総）	一九七七年	福田内閣	概ね一九八七年	定住構想
第四次全国総合開発計画（四全総）	一九八七年	中曽根内閣	概ね二〇〇〇年	交流ネットワーク構想
21世紀国土のグランドデザイン	一九九八年	橋本内閣	二〇一〇−二〇一五年	参加と連携

原点は内閣提案によって一九五〇年に制定された「国土総合開発法」である。田中によれば、同法は内閣提案のかたちをとっているが、実体は田中による議員立法であったという。田中は続いて「電源開発促進法」の議員立法に取り組む。この頃の地域開発計画は主に電力供給のための水資源開発がメインであった。一九五〇年に勃発した朝鮮戦争は戦争特需を生み、工業の復興を促した。

一九六〇年の新日米安全保障条約（日本国とアメリカ合衆国とのあいだの相互協力及び安全保障条約）の締結は、国土の防衛をアメリカに一任することで軍事費を経済政策に優先的に配分できる体制をもたらした。一九六二年、池田勇人内閣は「全国総合開発計画」を策定し、以来五回の国土計画が策定されてきた［表1］。

当時の目標は、貿易立国の方針を推し進め、原材料を輸入し、加工製品を輸出し、外貨を稼ぐことで国民総生産を倍増させることだった。一九六二年の「全総」はまず、既に発達していた京浜、中京、阪神、北九州の四大工業地帯のあいだを繋ぎ「東海道メガロポリス」を形成するという方針を打ち出した。

それに対し、一九六九年「新全総」は全国に分散して投資する、バラまくという方針へ転換する。既にあるインフラを強化し、その周辺に投資するほうが投資効率はよいが、開発の遅れていた東北や四国、日本海側等の非太平洋ベルト地域の反発を招くこととなり、そうした声に「新全総」は配慮したのである。

田中の『列島改造論』はこの「新全総」の方針を下敷きにしつつ、「私はこう考える」「私はこういう街並みをつくりたい」と一人称でヴィジョンを語り、国土計画のイメージをわかりやすく伝えることに成功した。田中の描くストーリーには工業再配置とともに、新幹線、高速道路、飛行機、船舶等の総合交通体系の整備によって全国各地どうしを一日で移動を可能にする国土をつくるという明確なヴィジョンがあった。後にアメリカの経済学者リチャード・フロリダが「世界最大」と評した巨大な政治経済圏[註1]が日本において生まれた背景には、田中の「人と経済の流れを変える」という信念があったのである[fig.1]。

「ひとつの日本」から複数の日本へ

―

「過密と過疎の弊害の同時解消」という『列島改造論』の主張に反して、東京への一極集中と製造業の国外への流出は加速し、建設したインフラの老朽化に伴う維持管理費は地方自治体の財政を圧迫し、結果として地方の個性や活力は失われ、大規模災害による国土の機能麻痺のリスクは限りなく高まることとなった。

東京への一極集中の解消のため、一九九〇年代初頭まで盛んに議論されたのはオーストラリアのキャンベラ、ブラジルのブラジリアのような新首都建設による首都機能の移転である。中京地区や京阪奈地区、南東北地区などが候補地に挙げられ熱心な誘致合戦が繰り広げられたが、多額の建設費の見通しが立たず、バブル崩壊後は暗礁に乗り上げた。

二〇〇〇年代に入り、新首都建設の代わりに議論されるようになったのは、日本全体を九から一五程度の行政圏に分割する道州制の導入である。背景には行政上の権限の移譲である「地方分権」の進展があったが、道州制に関する基本的な議論がまとめられようとしていた矢先の二〇〇九年、民主党への政権交代が起こり、議論はふたたび暗礁に乗り上げた。

東日本大震災が発生したのはそんな時であった。大規模発電や大規模集約された物流システムに依存した大都市では直後から物資が不足し、鉄道が止まりターミナル駅には帰宅難民があふれ、阪神・淡路大震災以降忘れられていた大都市集中のリスクがふたたび顕在化した。

トヨタや日産などの民間企業は大規模災害による機能麻痺のリスクを減らそうと既に国内の生産拠点を分散しているが[fig.2]、行政機能は大半が霞が関に一極集中したままである。首都圏直下型地震などの大規模災害の再来が懸念される今の日本にとって必要なことは、巨大都市東京に集中した行政機能を地方都市に分散させ、地方都市を中心としたローカルな経済圏を復活させて、ひとつに統合された政治経済圏を複数の政治経済圏に分割することである。かつて列島改造の背景には「格差解消」という大義名分があったが、今は「リスクヘッジ」がそれに代わろうとしている。

fig.1——ひとつの日本(新全国総合開発計画)|fig.2——複数の日本(自動車産業)

fig.1

fig.2

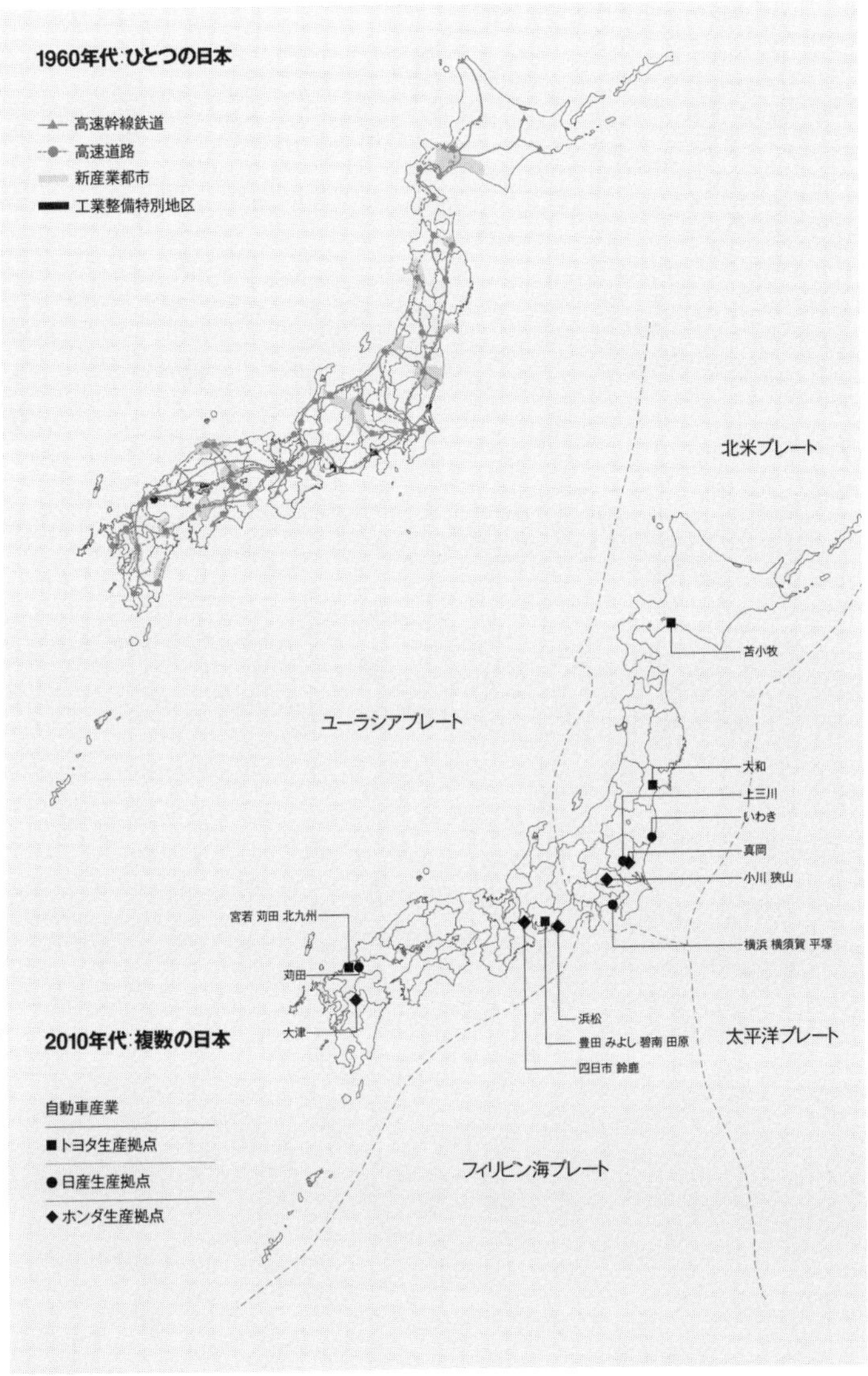

1960年代:ひとつの日本
高速幹線鉄道
高速道路
新産業都市
工業整備特別地区
北米プレート
ユーラシアプレート
太平洋プレート
フィリピン海プレート
苫小牧
大和
上三川
いわき
真岡
小川 狭山
横浜 横須賀 平塚
宮若 苅田 北九州
苅田
大津
浜松
豊田 みよし 碧南 田原
四日市 鈴鹿
2010年代:複数の日本
自動車産業
■トヨタ生産拠点
●日産生産拠点
◆ホンダ生産拠点

フクシマから引かれる「問いの軸」

—

『列島改造論』のルーツは電力開発であったが、福島第一原子力発電所の爆発事故後、さまざまな事実が明るみに出た今となっては、それは単なる自然災害によって引き起こされた事故というよりも、「国土の均衡ある発展」をスローガンにバラマキ型の開発を推し進めた結果、補助金漬けとなって中央の支配から逃れられない日本社会全体の構造的な問題を多く孕んだ問題であることが明らかになった［註2］。

「大規模発電と巨大インフラに支えられた加工貿易のための新産業都市のネットワーク」は貿易立国、土建国家、ものづくりの国という戦後日本が作り上げてきた「日本」という国のアイデンティティそのものであった。今、私たちの社会が原子力発電を止めるならば、老朽化した火力発電所を再稼働してエネルギーを代替し、電力ピークを乗り切ればよいという問題ではなく、日本という国の新しいアイデンティティを探さなければならない。

二〇一一年三月一九日、福島第一原子力発電所の事故により町全体が避難指示の対象に含まれた福島県双葉町は、町民一二〇〇人あまりとともに埼玉県さいたま市にある「さいたまスーパーアリーナ」へ役場機能を一時避難した。その後旧埼玉県立騎西高校跡地（埼玉県加須市）へ移転し、二〇一三年に福島県いわき市内へ再移転を行ったものの、約二年間のあいだ、福島県の町がまるごと埼玉県に避難してい

fig.3

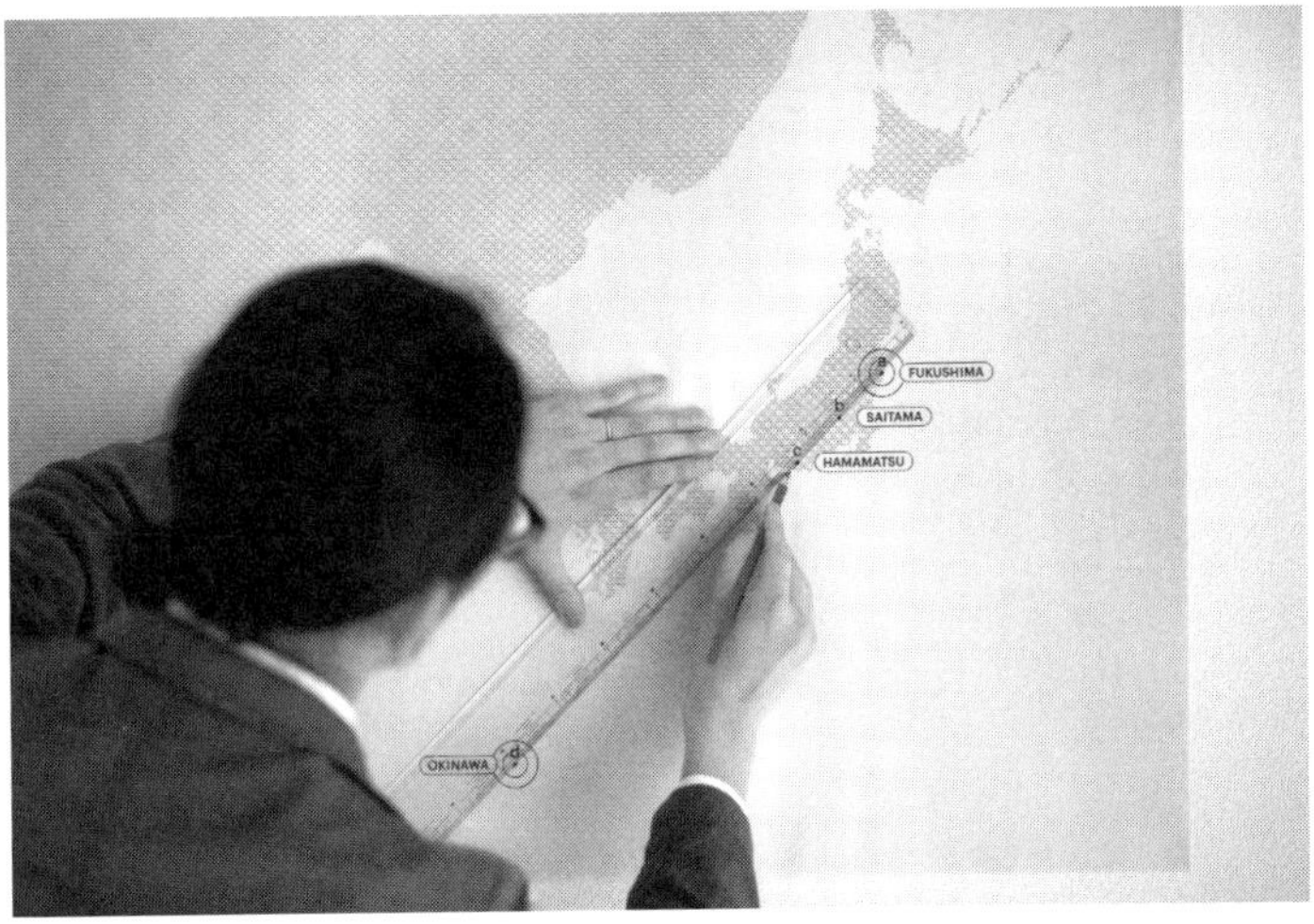

fig.3——問いの軸｜撮影＝新津保建秀

たのである。

この福島第一原子力発電所（フクシマ）から埼玉県へ向かう方角は、中国の伝統的な都市計画で用いられていた鬼門／裏鬼門の方角にあたる。

この軸を延長して全国スケールで眺めてみると、埼玉から浜松を経由し、さらに沖縄へ至ることがわかる。ここには原子力発電（福島）、郊外（埼玉）、移民（浜松）、基地（沖縄）というように戦後の諸政策によって生じた国土のグランドデザインにかかわる課題が集積している[fig.3]。さしあたりここではこの軸を「問いの軸」と名付け、日本の国土の将来像を考えるきっかけとしてみよう。

日本万国博覧会（一九七〇）以後——都市からの撤退、メタファとしての「都市」へ

「新全総」が発表された翌年である一九七〇年、「東京への一極集中を解消する」という大義名分のもと、大阪で「日本万国博覧会（万博）」が開催された。同博覧会はもともと作家の小松左京らの構想をもとに企画がスタートした。一九六四年の東京オリンピック開催によって東京への集中投資が進み、新幹線の開通によって企業の東京進出が加速するなかで地盤低下を警戒した関西地方へ配慮がなされたものである（最近では北京オリンピックの後、上海万博が開催されたパターンが似ている）。

万博はアジア初の万国博覧会として七七カ国が参加して開催され、大阪郊外の千里丘陵に設けられた会場三三〇ヘクタールに一九七〇年三月一四日から九月一三日までの一八三日間で総入場者数六四二一万八七七〇人を動員した。二〇一〇年の上海万博が七三〇八万人を動員し記録を塗り替えるまで、万博史上最高の入場者数を誇った。

万博会場計画全体のマスタープランを担当したのは丹下健三であった。お祭り広場を担当したのは磯

fig.4

fig.5

fig.6

fig.4——都市からの撤退：磯崎新「群馬県立近代美術館」（一九七四）撮影＝著者

fig.5——メタファとしての都市[1] 渋谷パルコ（一九七三）撮影＝Dick Thomas Johnson || fig.6——メタファとしての都市[2] サンシャインシティ（一九七八）撮影＝Kakidai

崎新、シンボルタワーを菊竹清訓が、いくつかのパビリオンを黒川紀章が手がけるというように、多くの建築家が万博とかかわり、「都市を設計する」という建築家の意志と構想力は大阪万博で大きく集大成されることとなる。

ところが、この頃からグランドヴィジョンをめぐって建築家と政治家の距離が生まれ始める。集中を志向する建築家と分散を志向する政治家の構想が一致しなくなるためである。丹下健三は一九七四年に東京大学教授を定年退官したこともあり活動の舞台を海外プロジェクトへと移すようになり、磯崎新は「都市からの撤退」を宣言して「群馬県立近代美術館」(一九七四)[fig.4]や「北九州市立美術館」(一九七四)、「北九州市立中央図書館」(一九七四)など、地方自治体による文化施設の設計へと注力するようになり、原広司は東京大学原研究室で開始した集落調査をもとに粟津邸(一九七二)の設計に際し「住居に都市を埋蔵する」と宣言するなど、大阪万博の開催に前後して建築家たちはそれまでとは異なるフィールドでそれぞれの立場を表明するようになる。大阪万博以後、建築家にとって「都市」は直接的な設計の対象というよりも、メタファとなっていく。

虚構としての「都市」をモチーフにしたのは、建築家だけではなかった。巨大開発にも「都市をつくる」というコンセプトがしばしば持ち込まれた。一九六九年に池袋駅ビルのデパート跡に開業した「パルコ」はイタリア語で「公園」を意味し、一九七三年に渋谷に出店した際は駅から五〇〇メートル離れた立地を逆手に取り、区役所通りを「渋谷公園通り」と改名することを提案し、階段のある名もなき路地に「スペイン坂」という名称を与え、渋谷界隈に地中海都市のようなイメージをトータルに与える広告的な戦略を打ち出していく[fig.5]。

一九七八年に池袋の巣鴨プリズン（巣鴨刑務所、一九五八年からは東京拘置所、一九七一年小菅へ移転）跡地に建設された「サンシャインシティ（＝太陽が輝く都市）」もまた、渋谷と同じく駅から離れた敷地に人々を動員し、池袋の街の印象を規程していた「巣鴨プリズン」の記憶を変えるために虚構としての「都市」を埋蔵する試みであった[fig.6]。当時日本一の高さをほこったオフィスタワー「サンシャイン60」のほかにホテル、専門店街、飲食店街、ワールドインポートマート（企画型専門店街）、文化会館、博物館、バスターミナルなどを備え、都市の消費文化をトータルで享受できるコンテンツを揃えたパッケージ型の都市開発は、「アークヒルズ」（一九八六）や「恵比寿ガーデンプレイス」（一九九四）、「六本木ヒルズ」（二〇〇三）など、以後の日本型巨大都市開発の定型となっていく。

博覧会の時代＝コンテンツの時代（一九七〇―）

そうした虚構としての「都市」をモチーフにしたトータルなパッケージ開発と興行としての博覧会を組み

合わせ、都市経営のレベルで成功させたのが、神戸市が一九八一年に開催した「神戸ポートアイランド博覧会（ポートピア'81）」である[fig.7]。大型化する船舶貨物の荷揚げのために水深の深い沖合にコンテナ埠頭を整備する必要性と、水害に悩まされていた六甲山の防災を兼ね、それらに住宅地開発を組み合わせ、ベルトコンベアーで土砂を運搬し海と山の開発を同時に行い、開発終了後はコンベアの設置されていたトンネルを下水道に利用するという一石三鳥の開発手法によって建設された人工島「ポートアイランド」は、外周部を港湾施設としつつ、中心部には都市機能を誘導し、土地の狭い神戸市に新たな新都心を建設することで、課題解決を狙っていた[fig.8]。

神戸市にとっての課題は、市街地から離れた海上の埋立地へ人を動員することであった。そこで神戸市独自の博覧会が企画された。ふたを開けてみるとポートアイランドの会場約七二ヘクタールに半年間で約一六一〇万人が動員され、純益六〇億円を記録し、「株式会社神戸市」の異名を取るようになる。

博覧会終了後には跡地に国際展示場と国際会議場、ホテルからなるコンベンション施設を中心にした「神戸ファッションタウン」が建設され、ワールド、田崎真珠、アシックス、UCC上島珈琲など神戸市内に本拠地を置いていた企業が本社を次々と移転した。コンベンション施設を核にした「海上の未来都市」というイメージは神戸製鋼や川崎重工業といった重厚長大産業に依存した都市から、ファッションや食品などソフトな産業が集積するあたらしい産業都市のイメージを定着させることに成功し、一九九三年に

fig.7

fig.7 ——神戸ポートアイランド博覧会(ポートピア'81)——提供=時事通信

P&Gジャパンがアジア本社を隣接する六甲アイランドへ設置したように、外資系企業の誘致にも繋がり、都市経営のお手本となっていく。

　神戸の成功は以後、多くのフォロワーを生んだ。東京教育大学の移転を核にした「筑波研究学園都市」の開発に合わせ科学技術をテーマにした「筑波科学万博」(一九八五)が開催され[fig.9]、「横浜みなとみらい21」の開発に合わせた「横浜博覧会」(一九八九)など[fig.10]、博覧会とセットにした都市開発はブームとなり、全国各地で同様の博覧会が次々と開催された。都市開発のテーマを定め、テーマに合わせた広告的な企画が立てられ、コンテンツの動員力によって都市空間を設計しようとしたのである。

世界都市博中止(一九九六)——コンテンツの時代の終わり

しかし、乱発された企画はやがて陳腐化を招いた。博覧会の動員数は減少し、次第に手法として行き詰まりを見せ始める。決定的になったのは鈴木俊一東京都知事によって準備が進められていた「世界都市博」が一九九五年の都知事選で「都市博中止」を公約に掲げ立候補したタレント・青島幸男による攻撃の対象とされ、青島が鈴木を破って当選を果たし、一九九六年に中止としたことである。

「世界都市博」は「東京テレポート構想」と呼ばれていた臨海副都心開発の起爆剤として準備されて

いたものであった。「東京テレポート」は東京版「ポートアイランド」の展開と言えるもので、博覧会の開催、新交通システム(=ゆりかもめ)とコンベンション機能(=東京ビッグサイト)を核とした「海上の未来都市」のイメージによる企業誘致等、神戸市が確立した手法をそのままコピーしたもので目新しさには欠けるものの、神戸がそれによって重厚長大産業からソフト産業をベースにした情報発信型の都市へとイメージを転換しようとしたように、東京は新自由主義のグローバルな展開をにらみ、このエリアをグローバル外資系

fig.8

fig.9

fig.10

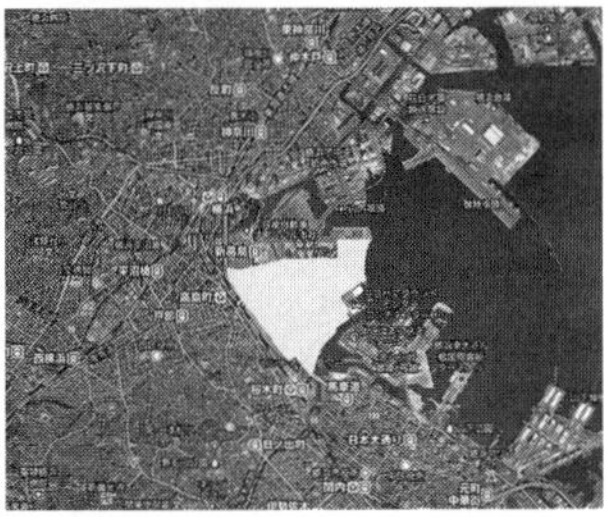

fig.11

fig.8——神戸ポートアイランド||fig.9——筑波万博(一九八五)||fig.10——横浜博覧会(一九九一)||fig.11——臨海副都心

fig.8-11——画像 ©2012 Cnes/Spot Image, Digital Earth Technology, DigitalGlobe, GeoEye、地図データ ©2012 Google, ZENRIN.

企業の受け皿とし、「アジアの中心となる世界都市」を建設するというヴィジョンがあった[fig.11]。

一九九六年当時、バブル経済の崩壊による社会の行き詰まり感に加え、お手本とされた神戸のポートアイランドが一九九五年の阪神・淡路大震災で打撃を受け、インフラが寸断され孤立するなど「海上の未来都市」という虚構が大震災という現実に崩されたこともマイナスに作用した。巨費を投じる公共プロジェクトが気分として敬遠されたのは仕方がなかったとはいえ、青島にも都民にも、費用対効果についての検討があったわけでも、代替するヴィジョンがあったわけでもなく、「気分として」中止したかったのである。中止費用は他の万博の開催費用を上回る六一〇億円となり、臨海部には巨大な空地が残された。

ずっと空き地ばかりだった臨海副都心にようやく将来像が見えるようになったのは「東京オリンピック2020」の誘致が決まり、いくつかの競技会場が設置されることになった二〇一三年以後のことである。「アジアの中心となる世界都市」のコンセプトが見直しされ、動き出すまでに一七年の歳月が流れていた。そのあいだ、シンガポールや香港、上海、ソウルがアジアのグローバル・シティとして台頭し、東京の位置が大きく後退したのはいうまでもない。青島のあけた穴はあまりにも大きすぎた。

大阪ステーションシティ（二〇一一）——駅の上の「都市」

青島のあけた巨大な穴を埋めるかのように、このあいだに、行政主導による近代都市計画でもなく、広告代理店主導による「虚構としての都市」でもなく、都市を設計するための新たな原理が生まれつつあった。二〇一一年五月に大阪駅に開業した「大阪ステーションシティ」は、JR大阪駅および駅北側の梅田貨物駅跡地の一部を合わせて再開発したもので、駅上空に人工地盤と大屋根を架け南北を繋げ、空中エスカレータで客を駅から直接上層の商業施設へと誘導する［fig.12］。

もともと新宿や池袋、渋谷等の私鉄のターミナルにはデパートが設置されているが、五三万平方メートルという床面積の巨大さがこれまでの駅ビルとは決定的に異なる。国内最大とされた一九九二年の東武百貨店池袋本店の大規模増床にしてもわずか八万三〇〇〇平方メートルであり、それに比べるとその巨大さは驚異的である。また「大阪ステーションシティ」にはデパートや専門店街、飲食店街だけでなく、オフィスタワー、映画館、スポーツジム、空中庭園などより多機能化されており、文字通り都市のようなパッケージ性がある。

「大阪ステーションシティ」は開業から八カ月で来場者が一億人を突破し、一年で一億三〇〇〇万人を達成した。一九七〇年の大阪万博の動員が六四二一万人だったことを考えると、一九六〇年代の国家プロジェクトをしのぐ動員をたったひとつの巨大建築が成し遂げてしまったことになる。

そこにあるのは大阪万博のように当時の文化人が総結集して練られたコンテンツというよりも「無印良品」や「ソニープラザ」など日常的な買い回りのためのコンテンツが中心である。もはやコンテンツの力で人を集めるというよりも、駅のようにもともと人が集まっているところに商業施設を載せるというように、施設立地の考え方が決定的に異なる。

一九七〇年の大阪万博で丹下が提示した建築装置――「立体トラスの大屋根」「人工地盤」「屋外エスカレータ」などの建築装置――は、各地で展開された地方博の会場で繰り返し用いられると同時に、サンシャインシティ(一九七八)、神戸ハーバーランド(一九九二)、六本木ヒルズ(二〇〇三)など、全国で展開された巨大都市開発においても繰り返し用いられ、「最後の巨大開発」と呼ばれる大阪・梅田北ヤードの再開発に合わせて開業した大阪ステーションシティ(二〇一一)でこれらが大々的に集大成され、反復されている[fig.13]。

広島平和記念公園以降、都市のコアをどのようにつくるか、という問題意識から生み出された丹下の建築装置は、「大阪万博お祭り広場」以後、消費の場へと人々を動員する装置として読み替えられた。ただし、「お祭り広場」が企画内容によって動員するコンテンツ型の装置であったのに対し、「大阪ステーションシティ」は動線の要にヴォリュームを挿入することで大量動員を果たすというアーキテクチャ型の装置であり、同じ人工地盤、大屋根、屋外エスカレータ、丸い穴による空間であるとしても、両者のあいだではモデルそのものの意味が変わってしまっている。

fig.12

fig.13

fig.12——人工地盤、大屋根、屋外エスカレータ、丸い穴[1]：大阪ステーションシティ（二〇一一）撮影＝著者

fig.13——人工地盤、大屋根、屋外エスカレータ、丸い穴[2]：日本万国博覧会お祭り広場（一九七〇）提供＝朝日新聞社／時事通信フォト

ＪＲの時代——コンテンツからアーキテクチャへ（一九九七—）

大阪ステーションシティの原型となったのは一九九七年に開業した京都駅ビル（床面積約二四万平方メートル）であった。一九八七年四月の国鉄分割民営化により新生ＪＲは新しい事業を求める気運があった。京都市側にも一九九四年に「平安遷都一二〇〇年」を迎えるため祝祭ムードを高めようという気運があり、池原義郎、ベルナール・チュミ、安藤忠雄、黒川紀章、ジェームス・スターリングら国際的な建築家を招いて国際コンペが開催された。設計者に選定されたのはかつて「住居に都市を埋蔵する」というコンセプトを掲げた原広司だった。

新生ＪＲの看板プロジェクトであるとはいえ、実験的な試みを含む京都駅の事業性には賛否両論があったが、ふたを開けてみれば滋賀を含む京都郊外から広く集客に成功し、運賃収入も増加するなど大成功を収め、二〇一一年の大阪駅（五三万平方メートル）へと展開された。西日本以外のＪＲでも東海の名古屋駅（二〇〇〇、四一万平方メートル）［fig.14］、北海道の札幌駅（二〇〇七、二七万平方メートル）［fig.15］、九州の博多駅（二〇一一、二〇万平方メートル）［fig.16］、そして東日本の東京駅（二〇一二、四七万平方メートル）［fig.17］と、各地方のＪＲ駅ビルの建替えに合わせて同様の開発が行われた。

ＪＲ各駅のステーションシティ建設が進んだ二〇〇〇年代以後、京都では四条の阪急百貨店、大阪では心斎橋のそごうが相次いで閉店したこともあり、「『都市』を埋蔵した巨大建築」は現実の「都市」を変えるほどの影響力を持つことが明らかとなった。それは既存の中心市街地だけでなく、関西圏全体、東海圏全体、北海道、九州というように広域での集客にも成功していることから、都市圏全体に影響を与えていると言える。

fig.14

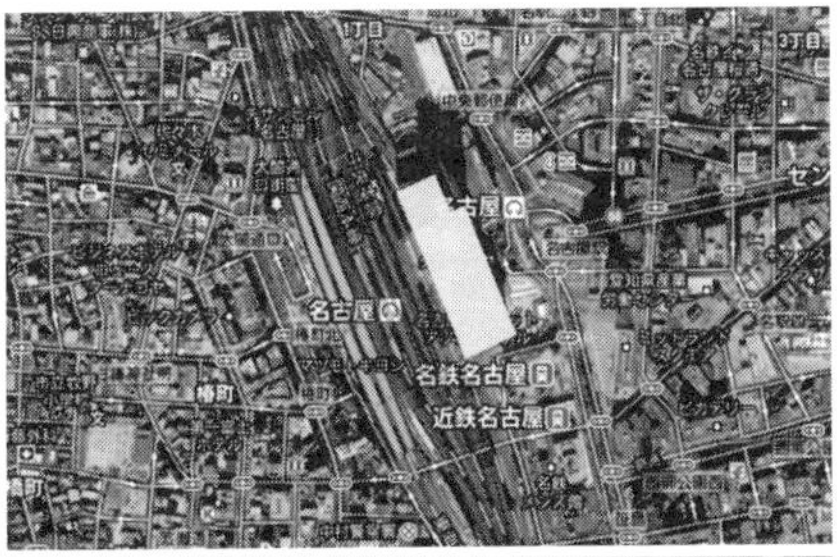

fig.15

fig.16

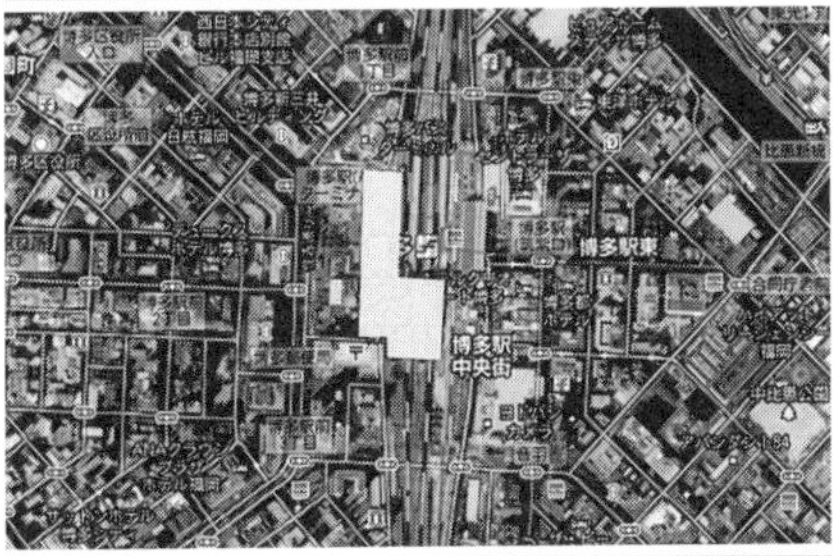

fig.17

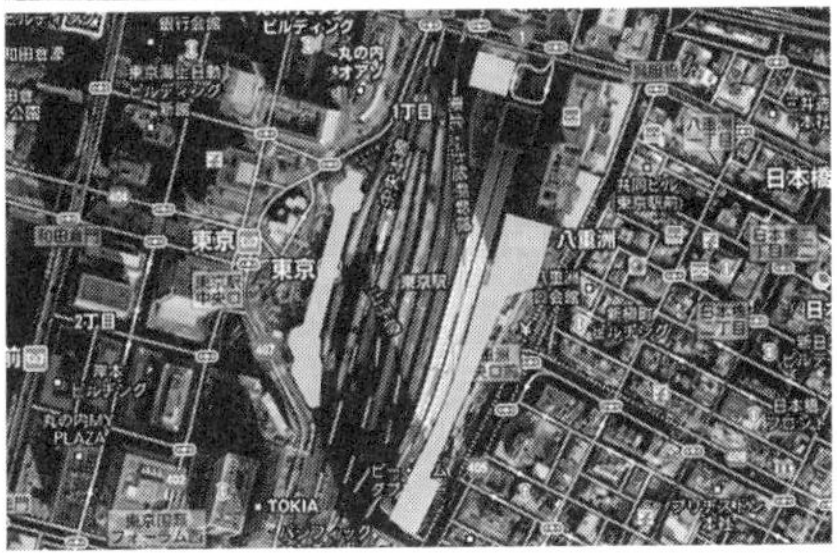

fig.14——名古屋駅(二〇〇〇、四二万m²)|fig.15——札幌駅(二〇〇七、二七万m²)|fig.16——博多駅(二〇一一、二〇万m²)|fig.17——東京駅(二〇一二、四七万m²)

fig.14-17——画像 ©2012 Cnes/Spot Image, Digital Earth Technology, DigitalGlobe, GeoEye, 地図データ ©2012 Google, ZENRIN

近年はさらに大きなスケールでの展開も見えてきている。名古屋駅再開発に成功し、名古屋随一の企業となったＪＲ東海は二〇〇七年一二月、リニア新幹線を名古屋から東京まで自己負担で建設すると発表した。ひとつの民間企業がステーションシティで万博並みの動員を行い、商業圏全体を再編し、さらにリニア新幹線を自己負担で建設すると表明してしまう時代が到来したことで、中央政府がトップダウンで描く「国土計画」のイメージは完全に過去のものとなりつつある。

日本万国博覧会からバブル崩壊、都市博中止までのコンテンツ型の都市設計原理は、鉄道に直接接続された巨大な「ステーションシティ」というアーキテクチャ型の都市設計原理によって、完全に上書きされたといえるだろう。「ＪＲ」は一九八〇年代の国有企業の民営化、二〇〇〇年代の規制緩和のコンテクストのなかで、「行政」や「広告代理店」に変わる新しい都市設計のプレイヤーとして浮上し、都市を超え、国土そのものを設計し始めている。今や都市や国土の行方を左右するのは行政でも広告代理店でもない。ＪＲなのである。

ＪＲと道州制

歴史的にみると、そもそもＪＲの前身である国鉄（日本国有鉄道）の赤字が肥大化したことの物理的な背

fig.18

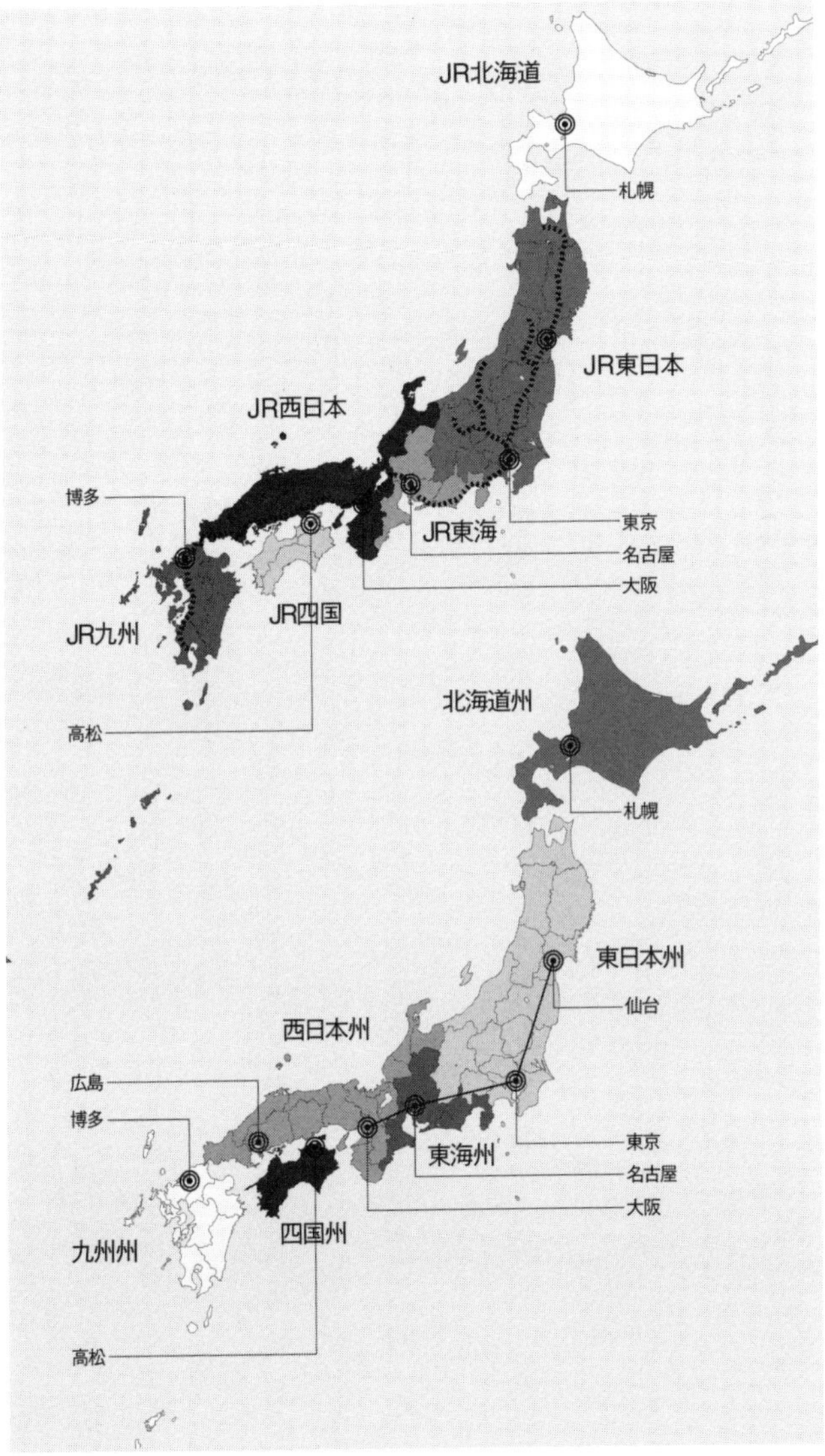

fig.18 ——JR（Japan Railways）とJN（Japan Nations）の提案

景には「新全総」および『日本列島改造論』に基づく高速道路網の整備によってトラック輸送が発達し、収入の半分以上を担っていた貨物輸送が大幅に減少したと同時に、収入の少ない地方都市間を結ぶ鉄道網（いわゆるローカル線）の整備による支出が増加したことが関係しており、その意味でJRは田中による『列島改造論』のあり方に大きく影響を受けた歴史の産物であると捉えられる。

他方でJRの誕生には、労働組合の解体による社会党の弱体化も意図されていたとはいえ、第一義としては国鉄という巨大化した官僚組織の分割民営化による経営の合理化を目的としていた。その成功体験は、巨大化した中央政府の権限を縮小し、自律した政治経済圏の集合へと再構成する道州制のイメージへと重ねることはできるだろうか。

地理的あるいは空間的に見ると、道州の分割数についてはこれまでも「九道州」「一一道州」「一三道州」などが検討されてきた。だがこれまで見てきたように、二〇〇〇年以降の都市空間の実態を見るならば、新幹線とステーションシティが強力な動員装置として都市および国土の空間を再構成しているJRの構成単位である「六分割」という区分に注目することにも一定の意味があるのではないか。

すなわち、日本の行政機構を北海道、東日本州、東海州、西日本州、四国州、九州州に分ける[fig.18]。東海と九州は自律し、北海道州の支援を東日本州が、四国の支援を西日本州が行う。JR東日本と東海、西日本が東北、上越、長野、東海道、山陽の各新幹線を分割して保有したことでバランスを見いだしたように、東京、名古屋、大阪という大都市を東日本と東海、西日本の各州で抱えることによって、互いに競争を促し、日本は東京一極集中からの脱却を図ることができる。

田中の基本設計、中曽根の実施設計、小泉の現場監理で生み出された「日本」

このように日本の都道府県を超えた広域化や硬直した組織の改革、民営化などの行政改革イメージを先取りするJRであるが、そもそもJRが「六分割」を採用したのは、中曽根康弘の回想録によると、中曽根の考えによるものであったという。国鉄の分割に際しては当初、東京、大阪をそれぞれの本拠地とした東西二分割案が有力であったが、二分割案は東西の対立による硬直を招くという中曽根の意見により「東海」が挿入されることになった[註3]。

もしそれが事実だとするならば、中曽根の裁定によって事後的に挿入された「東海」がたまたま名古屋を本拠地としていたことをきっかけに、リニア新幹線を「東京から大阪へ」ではなく「名古屋から東京へ」建設するという企画が発生していることになる。そのあり方がふたたび国土構造レベルで大都市の関係を変えようとしていることを考えると、今日の日本列島のグランドデザインは歴代の首相の手によって大きく手を入れられていることがわかる。

すなわち今日の「日本」とは、田中角栄が基本設計（＝工業再配置と総合的な交通体系の構築というコンセプト・メイキング）を行い、中曽根が実施設計（＝国鉄分割民営化）を行い、小泉純一郎が現場監理（＝規制緩和）を行った成果物であると捉えられる。

池田勇人の「所得倍増計画」（一九六〇）以降、田中による『日本列島改造論』（一九七二）までの主眼は、日本列島を近代経済システムに基づく加工貿易のための空間に再編成することにあった。その後中曽根内閣の「三公社解体」プロジェクトを経て、小泉内閣の「都市再生」による規制緩和策は日本列島を新自由主義に基づく高度消費社会のための空間に再構成することに成功した。そのプロセスで力を蓄え続けたのが「ＪＲ」というシステムなのであった。

輸出品としてのＪＲ――ものづくりからアーキテクチャへ

以上のように「ＪＲ」は、日本の国土にとって戦後政治史史上最大の成果物であり、かつ国内の行政組織再編のために最もイメージしやすい強力な空間モデルでもあるのだが、同時に国外の空間を考える際のひとつのモチーフにもなる。高速鉄道システムの海外輸出がにわかに現実味を帯び始めたからである。

新幹線で培った高速鉄道技術を海外に輸出しようという動きは一九八九年、韓国政府がソウル－釜山間の高速鉄道の建設を決定した際に初めて議論された。一九八九年といえば一九八七年の分割民営化直後であり、リストラと清算を進めなければならないＪＲとしては国外への輸出どころではなかったため、韓国の高速鉄道システムはより熱心に働きかけを行ったフランスのシステムが採用された。続く台湾では日本側の提案は高い技術力を有しているにもかかわらずフランス・ドイツによる欧州連合の熱心な売り込みに負け、優先交渉権を獲られてしまう。

しかし、その後転機が訪れる。一九九八年にドイツの高速鉄道ＩＣＥで大規模な脱線事故が発生したのである。さらに翌一九九九年には台湾中部地震が発生し、地震国で安全運行を続ける日本の新幹線技術への関心が高まることとなった。その結果、台湾では二〇〇〇年に日本チームの受注が決定、二〇〇七年に開業を迎えた[fig.19]。

他方で車両一編成のみを購入して独自の「中国製」車両を製造し、運行を始めた中国高速鉄道は二〇一一年六月、大規模な追突脱線事故を起こし、高速鉄道の輸出プロジェクトのあり方そのものが問われ、にわかに政治性を帯びるようになる[註4]。列島改造論以後、「ものづくりの国」という自己イメージを持つ日本が、経済のグローバル化によって製造業全体として生産・販売額の三割程度を海外に移転するようになるなかで、知的財産権を保護できなければ国際社会のなかで優位性を確保できなくなるリスクを認識した瞬間であった。

現在はアメリカやブラジル、インド等でも高速鉄道システムの導入が検討されているが、空間的に見れば、日本の国土とサイズが近いアジアの列島諸国（台湾、フィリピン、ベトナム、インドネシア、マレーシア、シンガポール等）への輸出には勝機があると言えるだろう[fig.20]。新幹線が飛行機に対抗できるのは五〇〇―一〇〇〇キロメートル――東京からであれば広島や青森あたりがクリティカルとされており、これより長距離となると飛行機が、これより短距離となると高速バス等が対抗してくるため、これらの国々とスケールが合っているからである。

現在はパッケージ輸出といいつつ車両、路盤、信号、運用など、鉄道技術そのものの輸出が論点となりがちだが、これまで見てきたように、戦後日本建築史最大の成果物はそうした鉄道システムとターミナルビルという複雑な構造物どうしを高度に統合した巨大建築「ステーションシティ」である。地下鉄駅に直接接続し、商業施設の上にホール、さらにオフィスのタワーを載せた容積率一六〇〇％のコンプレックスは日本以外の国でほとんど見ることができない。鉄道システムとステーションシティの組み合わせによって地域の商業圏を再編してしまうほどパワフルなＪＲ型アーキテクチャは、列島独特のスケールが生んだ日本オリジナルのプロダクトである[fig.21]。

日本からはグーグルやアップルのようなイノベーションが生まれないと悲観する向きもあるが、むしろ日本はＪＲを生んだということに着目するべきである。広大なアメリカの国土が航空産業や情報インフラのアーキテクチャを発達させたのに対し、小さな島が連続する日本の国土が建設産業やJRというアーキテクチャを発達させた。そのことを日本固有の物語として自覚し、語り継いでいってもよいのではないだろうか。

fig.19

fig.20

fig.21

fig.19——新しい輸出品［1］新幹線（台湾新幹線）｜撮影＝veroyama

fig.20——新しい輸出品［2］都市型鉄道（シンガポール地下鉄）｜撮影＝Calvin Teo‖fig.21——新しい輸出品［3］巨大複合開発（渋谷ヒカリエ）｜撮影＝Zengame

答えの軸＝希望の軸

以上のように考えを巡らせてくると、日本はこの五〇年のあいだに培った列島改造のスキルを、国土の大きさや人口密度が似ていて、鉄道インフラの強みを活かしやすい東南アジアの列島諸国（台湾、フィリピン、ベトナム、インドネシア、マレーシア、シンガポールなど）においてこそ、活かすべきである。

それによって東南アジア経済圏の発展を促し、日本との文化的な交流を増やすことになれば、日本の新しい産業のイメージである観光産業の発展にもつながり、それによって政治リスクや人口問題による経済リスクを抱える中国やインドから国を守ることもできる。「日本列島改造論２・０」とは、「アジア列島改造」なのである。

このように見てくると、議論は冒頭に戻ってくる。東日本大震災を機に引かれたフクシマから沖縄へ至る「問いの軸」に対する「答え」は、意外にもシンプルに描かれる。地図を眺め、福島から沖縄に引かれた軸線をそのまま延長してみよう。すると、軸は台湾とフィリピンの間を通り、ベトナムとマレーシアのあいだを通り、インドネシア、シンガポール方向へと向かう[fig.22]。この「問いの軸」の延長こそが日本にとっての将来像を指し示す「答えの軸」なのである。

現実に新しい動きは始まっている。近年渋谷周辺ではアジアからの観光客が女性を中心に増加してい

fig.22

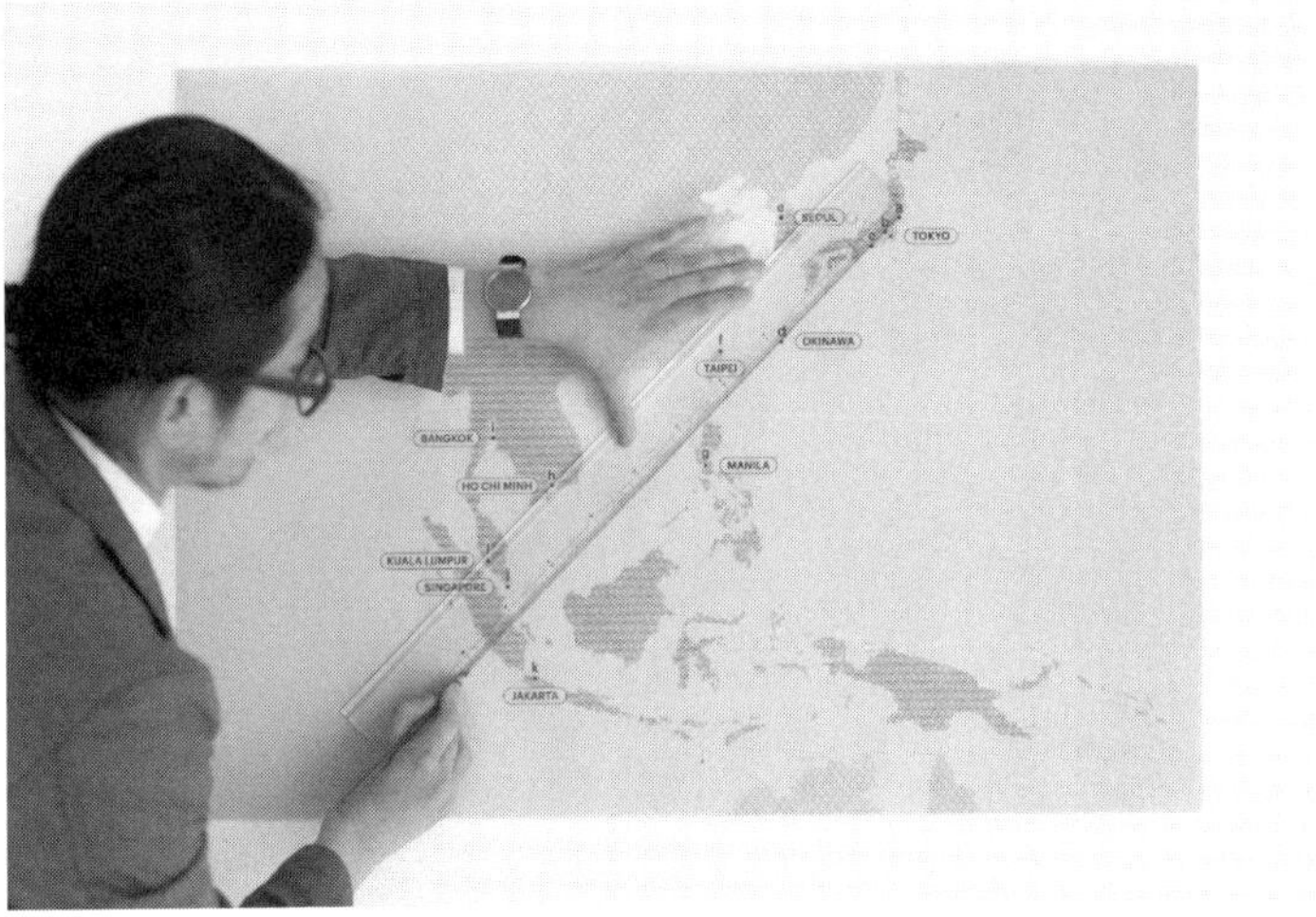

fig.22——希望の軸｜撮影=新津保建秀

るという。確かに渋谷の街頭で耳を澄ますと中国語、韓国語に加え、最近はタイ語とおぼしき会話が多く聴こえてくる。店頭で聞くと、某デザイナーズブランドのバッグが最近タイで爆発的に人気が出ており、友人の分を含めていくつも買って行くほど人気があるのだという。

第1章で見てきたように、一九九五年以後、インターネットショッピングの普及によって都市近郊から渋谷に日常的に集まる若者は減り、渋谷駅は再開発されて駅直結のステーションシティが建設されようとしており、かつてパルコが作り上げたスペインの都市空間のイメージはもはや過去のものである。しかし、そこで生産された記号はアジアからの買い物客という新しい動員を引き起こしている。

二〇一三年、日本への訪問外国人数は初めて一〇〇〇万人を超え、政府は二〇二〇年に二〇〇〇万人という目標を掲げている。年間八〇〇〇万人を動員するフランスに比べるとまだまだ少ないが、今後の日本の活路のひとつはアジア新興国からの観光客の動員にあると言えそうだ。

かくしてフクシマから引かれた「問いの軸」は「日本列島改造論2・0」の象徴として「答えの軸」となり、日本社会にとっての「希望の軸」となる。戦後の日本がこれまで構築してきた日本列島全体の構造を受け継ぎ、諸問題を解決し、次の時代を描くために「希望の軸」を日本再生の軸として新しい「日本のかたち」を取り戻すことを提案したい。

軸——歴史の反復と上書き

今、東日本大震災という大きな災害がひとつの軸線を浮かび上がらせ、鉄道を中心としたインフラ輸出を軸に交流圏の構築を生み出そうとしているならば、少しだけズームバックしてこの線をよく眺める必要がある。

かつて時の外務大臣、松岡洋右(一八八〇―一九四六)は「帝国の生命線は満蒙にあり」というスローガンとともに大陸進出を主張した。そこでは南満州鉄道を軸とした都市インフラを輸出し、大連や旅順といった都市を建設した日本は、そこへ多くの都市計画技術者や建築技術者を動員し、実務へと従事させたことで、多くの技術を蓄積した。そこで育った技術者の多くは戦後、日本に引き揚げ、戦災復興の現場へ、そして列島改造の現場へと従事することになる。終戦とともに神戸市長となり、ポートアイランド等の神戸改造のアイディアを生んだ原口忠次郎(一八八九―一九七六)もそのひとりである。

その発端は一九二三年の関東大震災であり、一九二九年の世界恐慌であった。そのとき東京から満州へ向かって引かれた軸線(=その当時の「希望の軸」)は、終戦後も田中が日本地図の上に最初に引いたとされる上越新幹線、関越自動車道の計画(途中には中曽根康弘の群馬県もある)として生き続けた。丹下の「東京計画一九六〇」が設定した木更津方向への軸線も、その延長に位置づけられるだろう。

時を経て、二〇一一年の東日本大震災に端を発した日本の新たな生命線は、松岡の描いた生命線とは九〇度回転し、新たな方角を示す。それは物理的に新しい方角であるが、内容的にも新しい方角である必要があることはいうまでもない。

そして、前回は侵略戦争へと向かったわが国であるが、今回はそれをめざしてはならない。今回めざすべきは新興国への技術提供であり、それによって生まれる経済交流であり、新たな人とモノの循環が生み出す文化交流である。

私たちは一九四五年のヒロシマで「過ちは繰り返しませぬから」と誓った。意味の上書きを忘れると日本は新たな生命線をふたたび自ら断つことになる。

註

1——リチャード・フロリダ『クリエイティブ都市論——創造性は居心地のよい場所を求める』井口典夫訳、ダイヤモンド社、二〇〇八。
2——開沼博『フクシマ論——原子力ムラはなぜ生まれたのか』青土社、二〇一一。
3——中曽根康弘『自省録——歴史法廷の被告として』新潮社、二〇〇四。
4——小牟田哲彦『鉄道と国家——「我田引鉄」の近現代史』講談社、二〇一二。

[第8章] 人を動かすこと――ソーシャル・アーキテクチャをめざして

Chapter 8

動員

—

本書では建築や都市、国家のスケールで、より多くのユーザーの参加によって、よりよい成果を生む仕組み=「ソーシャル・アーキテクチャ」のありようをさまざまなスケールでの実践を通じて論じてきた結果、私たちは「動員Mobilization」というキーワードにたどり着きつつある。

「動員」という言葉は「情報」や「国土計画」と同様、戦時中に用いられた軍事用語である。背景にはトータルウォー=総力戦やトータル・モビライゼーション=総動員といった究極のトップダウン的な思考があるが、見方を変えると江戸時代に「参勤交代」という制度があったからこそ人々の移動と交通が発生して地方都市の商業活動と文化が発達したという話に始まり、戦時中は国家総動員法による負の歴史を経て、高度成長期以後は移動による高度な生産性に基づく加工貿易の進展があった。

八束はじめによれば、丹下健三は動員の概念を戦災復興の中で平和利用しようとしたという。資源に乏しい日本が資源を獲得しナチスドイツのいう「生存空間Lebensraum」の拡大を図ろうとした結果、侵略戦争が誘導されてしまった。終戦後、丹下は国外へと出ないかわりに、海や空の上への生存空間の拡大を図ろうとした[註1]。

ただ、丹下には弱点があった。消費と観光である。現代都市では、二〇一一年に開業した大阪ステーションシティは大阪万博に匹敵する一億三〇〇〇万人を動員し、アジア新興国からは日本でのショッピングを目当てに新しい動員が起こり始めているというように、丹下が活躍した時代に提出された建築モデルや、整備されたインフラを基盤として、新しい消費と観光のモードを生成しつつある。

ソーシャル・アーキテクチャをめざして

現代都市は静かに号令をかけている。——人を動かせ。できるだけ多くの人を同時に、できるだけ統一した手順と秩序を持って。気付かれないうちに。さらばよりよい成果を得られよう。

私たちは以下のように呼びかけたい。——人を動かせ。できるだけ多くの人を同時に、できるだけ統一した手順と秩序を持って。ただし、「できるだけオープンに」。さらばよりよい成果を得られ、かつ、より多くの人を幸せにするだろう。

本書で見てきたように、政治家や経営者、教育者など、指導的な立場の人々や意志をもった人々が目的を持って人をフィジカルに動かしたいと思ったら、一九六〇年代であれば官僚に期待すればよく、一九八〇年代であれば広告代理店に期待すればよかった。現代でも、行動計画や数値目標を立てたり、キャラクターデザインやイベントを開催することには一定の役割はあるだろう。しかし、今日の都市におけるアーキテクチャのパワフルな動員の効果を無視することはできない。

「ソーシャル・アーキテクチャ」とは現代の新しい時代の動員の力強さを十二分に理解し、その暴走を抑止しつつ、その可能性を、人と人をつなげたり、地域の課題を解決したりというように、社会によってよりよい方向へその可能性を誘導しようとする試みである。

アーキテクチャのデザインは、かつてであれば建築家が担っていたのかも知れないが、情報環境の広がりを得た現代では、ウェブデザイナーやプログラマにその役割を譲ってしまったかのように見える。

しかし、それが誤解のもとなのだ。ウェブデザイナーもプログラマも、アーキテクチャの設計の一部は担えても、全体は担えない。ジャーナリストの津田大介は「ウェブで政治を動かす」というが、近年のさまざまな取り組みの成果が示すことは、「ウェブだけでは政治は動かない」ということであり、情報技術は議席数の予測等世論の計測には役立つが、人々を動員して解決案を立案するにはまだまだ弱いということである[註2]。

したがって今なされるべきは、メディアそのものの精度や働きを高める方向もあるだろうが、より効果的なのは情報空間と物理空間をブリッジしてデザインする方向であろう。具体的にいえば、アーキテクチャのデザインにかかわる専門家たちをディレクションし、全体を設計するかつての建築家、あるいは都市計画家のような役割が期待される。その役割を改めて「アーキテクト」と呼び直そう。

現代のアーキテクチャはとてもパワフルだが、パワフルであるが故に悪用に注意しなければならない。戦前の日本軍がそうだったように、悪用すると無差別攻撃(=テロ)を誘発してしまうからである。より究極的に言えば、人が過ちを繰り返さないこと、テロを避けるためにこそ、建築は用いることができる。

かくしてル・コルビュジエが『建築をめざして』の結びに用いた有名な殺し文句——「建築か、革命か。革命は避けられる。」は次のように書き換えられる——建築か、テロか。テロは避けられる。

註

1——東浩紀（編）『福島第一原発観光地化計画　思想地図β vol.4-2』ゲンロン、二〇一三。
2——津田大介『ウェブで政治を動かす』朝日新聞出版、二〇一二。

あとがき――空気を読み、線を引く

八月六日、広島平和記念公園を訪れた。馬蹄型の慰霊碑をのぞくと、揺らめく炎の向こうに原爆ドームが見えた。人々は厳かな雰囲気のなかで静かに祈りを捧げていた。

平和公園の設計案は設計競技によって一四五案のなかから選ばれたものだった。元安川沿いに配置した記念碑へ向かって広場を設けるもの（二等・山下寿郎設計事務所案）、相生橋へ向けて軸線を取り、資料館を中心に配置するもの（三等・荒井龍三案）などを抑え、選ばれたのは焼け跡に残った原爆ドーム（旧産業奨励館）に軸線を取った丹下健三らの案だった。

丹下は当時三六歳、東京大学の助教授として四人のチームで取り組んだ。旧制広島高校の出身で、広島の戦災復興の調査にも志願してかかわった丹下は、あえて廃墟に向けて線を軸線を設定し、それにより廃墟は公園の中でヒロシマを体現する存在として象徴化され、世界中に知れ渡るようになった。

一九六〇年代に経済成長が本格化すると、超高層ビルの構想が本格化し始める。丹下も「日本初の超高層」をめざして準備を進めていた。ところが丹下は超高層ビルの設計をしばらく設計することができなかった。最終的に「三井霞が関ビルディング」（一九六八）に先を越されてしまう。

その設計を手がけたのは広島で丹下に敗れた山下寿郎設計事務所（現・山下設計）であった。その後新宿の超高層ビル群の設計を手がけたのは、山下の事務所の出身者たちが設立した日本設計を始めとする、組織型の設計事務所だった。彼らは社会の要求に真摯に応え、匿名を是とし、経済効率を追求した。その新宿に丹下が東京都庁舎（一九九一）の設計を果たす頃には、社会は建築家を自己表現によって私腹を肥やすエゴイストとして糾弾するようになっていた。その後の展開は、本書で見てきたとおりである。

この時代に私たちはいかに生きるか。今、一九七〇年代生まれの私たちの前には日本の近代化に伴う開発の時代の終わりがあり、グローバリゼーションの始まりがあり、隣のアジア新興国では新たな開発の時代の始まりがある。かつてミースとコルビジュエはヨーロッパという空間で理論や方法論を確立し、アメリカという新興国で腕試しをした。彼らがそうしたように、私たちの生きる時間と空間はアジアとの往復なしには成立しないであろう。これを絶望ととるか、希望ととるか。

ここまで述べてきたことは、断片的な印象に基づくストーリーテーリングであり、すべてがデータに裏付けされてはいない。かといって個人的な希望や空想のみを述べたものでもない。いうなれば、私なりに時代の空気を読み、問題を関連付けた上で、社会の課題に線を引くことによって構造化したものである。

ミケランジェロにせよ、ル・コルビジュエにせよ、丹下健三にせよ、アーキテクトの究極の職能はそれなのではないかと思う。建築家は今いちど、時代の空気を読み、線を引くべきなのである。それもできるだけ遠くにあるものどうしを結びつけ、時間や空間を超えるようなシンボリックな線を。

●

本書の内容は、私の生きてきた三七年余の限られた経験のなかで徐々にかたちを成したものである。多くの方々にお礼を申し上げたい。

まずは七年間の研究室在籍期間を通じて、また研究室を離れてからもアーキテクトとは何たるかを教えて下さった塚本由晴先生、そして「環境的公正」というキーワードで多くのことを教えて下さった土肥真人先生。さらに教育や政治の面白さを気づかせてくれた東洋大学の皆さん、特に工藤和美氏、そして鶴ヶ島市の藤縄善朗市長を始めとして数々のプロジェクトでお世話になった皆さん。

また、本文の論考のほとんどは数々の原稿依頼、特に東浩紀氏の主宰する雑誌『思想地図』に寄稿させて頂くなかで大きく発展したものである。東氏および東氏を中心とする言論活動からは目の前で起きつつある変化をどのように大きな視野のなかで位置づけるか、多くを学ばせて頂いた。

そして論考の作成にあたっては藤村龍至建築設計事務所の歴代スタッフ諸氏、フリーペーパーや展覧会の制作をともにしたTEAM ROUNDABOUTのメンバー諸氏、そして東洋大学藤村研究室の歴代学生諸氏との議論、協働なくしてはあり得なかった。心から感謝したい。

また二〇〇九年に初めて声をかけて頂いて以来、五年間もの間お待たせしたNTT出版の神部政文氏にはお詫びとともに感謝申し上げたい。

最後に両親と家族に。特に本書の執筆が佳境であった二〇一四年二月二一日に亡くなった父・瞬一に本書を捧げたい。

二〇一四年八月六日　原爆の日の広島にて

藤村龍至

藤村龍至（ふじむら・りゅうじ）

建築家／ソーシャルアーキテクト

1976年東京生まれ。2008年東京工業大学大学院博士課程単位取得退学。

2005年よりRFA（旧・藤村龍至建築設計事務所）主宰。

2010年より東洋大学専任講師。2016年より東京藝術大学准教授。

主な建築作品に「すばる保育園」（2018）「OM TERRACE」（2017）

「鶴ヶ島太陽光発電所環境教育施設」（2014）「家の家」（2012）「BUILDING K」（2008）。

主なアート作品に「Deep Learning Chair」（2018）「あいちプロジェクト」（2013・国際芸術祭あいちトリエンナーレ）。

主な著書に『ちのかたち――建築的思考のプロトタイプとその応用』（TOTO出版, 2018）

『プロトタイピング――模型とつぶやき』（LIXIL出版, 2014）

主なアーバンデザインプロジェクトに「おとがわプロジェクト」（愛知県岡崎市, 2015-）

「大宮東口プロジェクト」（さいたま市, 2013-2016）「鶴ヶ島プロジェクト」（埼玉県鶴ヶ島市, 2011-2016）

批判的工学主義の建築

ソーシャル・アーキテクチャをめざして

2014年9月26日　初版第1刷発行

2020年6月17日　初版第5刷発行

著　者　藤村龍至

発行者　長谷部敏治

発行所　NTT出版株式会社

〒108-0023

東京都港区芝浦3-4-1 グランパークタワー

営業担当／TEL 03-5434-1010／FAX 03-5434-0909

編集担当／TEL 03-5434-1001／https://www.nttpub.co.jp/

装幀　刈谷悠三+角田奈央／neucitora

印刷・製本　株式会社光邦

ISBN978-4-7571-6062-0　C0052　定価はカバーに表示してあります